企→业→日→常→管→理←系←列←丛←书

人力资源工作常见问题清单

邱志洋
编著

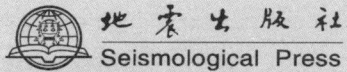

地震出版社
Seismological Press

图书在版编目（CIP）数据

人力资源工作常见问题清单 / 邱志洋编著 . -- 北京：地震出版社，2021.8
（企业日常管理系列丛书 / 陈明星主编）
ISBN 978-7-5028-5229-0

Ⅰ．①人… Ⅱ．①邱… Ⅲ．①企业管理—人力资源管理 Ⅳ．① F272.92

中国版本图书馆 CIP 数据核字 (2021) 第 093019 号

地震版　XM4556/F（6084）

人力资源工作常见问题清单

邱志洋　编著
特约编辑：段会敏　陈荣赋
责任编辑：凌　樱
责任校对：鄂真妮

出版发行：地震出版社
　　　　　北京市海淀区民族大学南路 9 号　　　邮编：100081
　　　　　发行部：68423031　　68467991　　传真：88421706
　　　　　总编室：68462709　　68423029
　　　　　证券图书事业部：68426052
　　　　　http: //seismologicalpress.com
　　　　　E-mail：zqbj68426052@163.com
经销：全国各地新华书店
印刷：北京柯蓝博泰印务有限公司

版（印）次：2021 年 8 月第 1 版　2021 年 8 月第 1 次印刷
开本：710×960　1/16
字数：335 千字
印张：19
书号：ISBN 978-7-5028-5229-0
定价：58.00 元

版权所有　翻印必究

（图书出现印装问题，本社负责调换）

编辑委员会

主编：陈明星

编委：邓之梅　刘中洋　俞　挺　曾贤锋

　　　许　强　朱慧俐　郭汉尧　陈志权

　　　陈竹妹　邱志洋　沈　杰　邱翠萍

　　　杜　猛　杨莎莎　徐小花　颜　阳

　　　余棉红　邓孜青

前 言
PREFACE

常言道："不想当将军的士兵不是好士兵！"每个人都应该有自己的职业追求，将自己锻炼成为一名出色的职场精英。有了目标，工作起来才有劲头，才会让自己获得长足的发展。

工作就是在解决问题，解决问题的水平体现了一个人工作能力的高与低。如何在日常工作中，通过解决每个实际问题而不断提升自己的工作能力，是每个人晋升和自身发展亟待解决的问题！为此，我们特别编写了"企业日常管理系列丛书"。

该丛书包括：《财务工作常见问题清单》《采购管理常见问题清单》《仓储管理常见问题清单》《新产品运营管理常见问题清单》《供应链管理常见问题清单》《行政工作常见问题清单》《绩效管理常见问题清单》《客户服务常见问题清单》《企业资本运营常见问题清单》《人力资源工作常见问题清单》《商品配送管理常见问题清单》《生产管理常见问题清单》《物流服务常见问题清单》《销售团队管理常见问题清单》《促销管理常见问题清单》《项目运营常见问题清单》《国际贸易管理常见问题清单》《大客户销售常见问题清单》，共18本，对日常工作常见问题和容易忽略的细节问题进行了梳理，并在整体上架构了不同职位人士的日常工作模型，让每一项工作都一目了然，细节无遗漏，工作不失误。读者可以根据自己所需即查即用，轻松解决工作中遇到的问题。

本丛书有如下特点。

第一，能帮助读者重新梳理自己的工作问题，让工作脉络更加清晰。

第二，能帮助读者加深对每项工作的理解，书中既有针对工作问题的规范性操作，

人力资源工作常见问题清单

也有经验性的总结，两者的完美结合会对工作问题的解决起到了事半功倍的作用。

第三，每项工作问题都设有工作场景描述，读者可以根据工作需要，即查即用，不致在漫天的文字中间寻找答案，非常实用、方便。

第四，能帮助读者养成总结工作经验的习惯。

第五，引导读者形成"问题导向"的工作意识，从此进入自我提升的快车道。

本丛书认真选取了当下企业中的热点职位及重点部门，从日常工作的实际问题出发，针对每个工作问题进行了思路拓展性解读与分析，给出了经验性的总结阐述，可改善从业者的当前工作局面，为从业者搭建起提升工作能力的可靠阶梯，也为相关专业工作人员全面提升业务水平提供了可借鉴的方法。

人力资源工作的核心任务是为企业选拔与培养人才，为企业发展提供不竭的动力。人力资源工作是后勤保证，虽然不容易直接看到成效，但是它关乎企业的发展。人力资源工作繁冗而重要，企业不可疏忽。

本书倡导人力资源工作清单式管理，以"人力资源工作常见问题"为主题展开介绍，全面梳理人力资源工作中的常见问题，嵌入"问题导向"的思维方法，重新定义每一项人力资源工作，并采取操作指导与工作经验提示相结合的表达方式，全面阐述人力资源工作的关键点。

这是一本依托"问题导向"思维方法介绍人力资源工作的书。读者朋友可以对照人力资源工作中的常见问题，即查即用。

本丛书在编写过程中，得到了相关从业者及工作伙伴的大力支持和配合，在此一并表示感谢！

目 录
CONTENTS

第1章 工作分析常见问题

1.1 如何做好工作分析前的准备工作 003
1.2 如何使用问卷调查法收集职位信息 004
1.3 如何使用面谈法收集职位信息 005
1.4 如何使用观察法收集职位信息 007
1.5 如何确定职位说明书的内容 009
1.6 如何选择职位说明书的表达形式 011
1.7 如何掌握职位说明书的编写技巧 013
1.8 如何编写职位说明书 015
1.9 如何确定职位规范的内容 016
1.10 如何选择职位规范的表达形式 018
1.11 如何编写职位规范 020
1.12 如何解决由工作分析契约引起的纠纷 022
1.13 如何保证职位说明书的质量 023
1.14 如何在工作分析基础上制订人力资源规划 025
1.15 如何在工作分析基础上实行定员管理 027
1.16 如何在工作分析基础上实现工作设计 029
1.17 如何在工作分析基础上组织开展招聘工作 031
1.18 如何在工作分析基础上对员工进行培训 032

1.19 如何在工作分析基础上进行绩效考核 034

1.20 如何在工作分析基础上进行薪酬管理 038

1.21 如何在工作分析基础上进行员工职业生涯规划 039

1.22 如何对工作分析方法的使用进行评价 041

第2章 工作评价常见问题

2.1 如何确定工作评价的步骤 047

2.2 如何确定工作评价指标 049

2.3 如何利用工作排序法进行工作评价 051

2.4 如何利用工作分类法进行工作评价 053

2.5 如何利用因素比较法进行工作评价 054

2.6 如何利用要素计点法进行工作评价 056

2.7 如何利用海氏工作评价系统进行工作评价 059

2.8 如何才能做好对工作本身的评价 061

第3章 招聘工作常见问题

3.1 如何进行人力资源需求预测 065

3.2 如何使用人力资源需求预测方法 066

3.3 如何进行人力资源供给预测 068

3.4 如何使用人力资源供给预测方法 070

3.5 如何分析招聘需求 071

3.6 如何设计人员招聘计划 073

3.7 如何确定招聘小组成员 075

3.8 如何划分人力资源部和直属部门经理的职责 076

3.9 如何确定招聘覆盖的地理范围 078

3.10 如何安排招聘时间 080

3.11 如何合理选择招聘会 081

3.12 如何做好参加招聘会的准备工作 083

- 3.13 如何规范招聘人员行为 ... 085
- 3.14 如何撰写招聘广告 ... 086
- 3.15 如何与猎头公司合作 ... 088
- 3.16 如何进行网络招聘 ... 089
- 3.17 如何进行校园招聘 ... 091

第 4 章　新员工甄选聘用工作常见问题

- 4.1 如何对应聘者进行初步筛选 ... 097
- 4.2 如何选择笔试方法 ... 099
- 4.3 如何做好面试前的准备工作 ... 101
- 4.4 如何确定面试内容 ... 104
- 4.5 如何选择面试方式 ... 105
- 4.6 如何设计面试题目 ... 106
- 4.7 如何控制面试过程 ... 108
- 4.8 如何灵活运用面试提问技巧 ... 111
- 4.9 如何避免主观因素影响面试结果 ... 112
- 4.10 如何面试过分羞怯或紧张的应聘者 ... 114
- 4.11 如何进行应聘者一般能力倾向测试 ... 115
- 4.12 如何利用自陈式量表进行应聘者个性测试 ... 117
- 4.13 如何利用投射法进行应聘者个性测试 ... 119
- 4.14 如何进行应聘者领导能力测试 ... 120
- 4.15 如何通过气质测试判断管理人员类型 ... 121
- 4.16 如何测试应聘者的创新能力 ... 123
- 4.17 如何进行情景模拟测试 ... 124
- 4.18 如何编制无领导小组讨论测试题目 ... 126
- 4.19 如何利用角色扮演法测试应聘者 ... 128
- 4.20 如何对应聘者的学历证书进行鉴别 ... 129
- 4.21 如何进行候选人背景调查 ... 130

4.22	如何做出聘用决定	132
4.23	如何通知候选人聘用结果	134
4.24	如何确定新员工入职条件	136
4.25	如何处理特殊人员的聘用问题	137
4.26	如何对招聘效果进行评估	139
4.27	如何对甄选聘用成本进行评估	140
4.28	如何对聘用人员进行评估	142
4.29	如何对甄选聘用测试的信度进行评估	143
4.30	如何对甄选聘用测试的效度进行评估	145
4.31	如何确定内部晋升制度的制订基础	147
4.32	如何进行内部职位公告	149
4.33	如何保证员工推荐方式的有效性	151

第5章　劳动合同订立工作常见问题

5.1	如何确定订立的劳动合同是否符合法律规定	155
5.2	如何确立劳动合同签订的程序	156
5.3	如何拟订劳动合同的内容	158
5.4	如何确定劳动合同期限	161
5.5	如何保证劳动合同的履行	162
5.6	如何变更劳动合同	164
5.7	如何处理无固定期限劳动合同的相关问题	166
5.8	如何处理与事实劳动关系相关的问题	168
5.9	如何处理员工单方解除劳动合同的相关问题	170
5.10	如何单方面解除与员工签订的劳动合同	172
5.11	如何确定解除劳动合同时向员工支付的经济补偿金	175
5.12	如何追究劳动合同当事人的违约责任	177
5.13	如何依法终止劳动合同	179
5.14	如何进行经济性裁员	181

5.15 如何解决因劳动合同无效而发生的法律纠纷 183
5.16 如何解决培训费争议问题 185
5.17 如何确定集体合同签订的程序 187
5.18 如何确定集体合同协商的内容 189
5.19 如何确定集体合同协商的负责人 191
5.20 如何理解集体合同协商原则 193
5.21 如何理解劳动争议的性质 195
5.22 如何确定处理劳动争议时应遵循的原则 197
5.23 如何确定解决劳动争议的途径 199
5.24 如何在用人单位内部设立劳动争议调解委员会 201
5.25 如何确定劳动争议调解的具体程序 204
5.26 如何认识劳动争议仲裁委员会 206
5.27 劳动争议仲裁的具体程序是什么 208
5.28 如何进行劳动争议诉讼 212
5.29 如何处理集体劳动争议 216

第6章 员工保险福利办理工作常见问题

6.1 如何为员工办理养老保险 221
6.2 如何为员工办理医疗保险 223
6.3 如何为员工办理失业保险 225
6.4 如何为员工办理工伤保险 227
6.5 如何为员工办理生育保险 233
6.6 如何为员工提供福利 234
6.7 如何实施企业福利政策 236
6.8 如何制订切实可行的企业福利预算 238
6.9 如何实施企业自主的员工福利项目 241
6.10 如何提高企业福利工作的效率 242
6.11 如何充分发挥福利顾问机构的作用 244

6.12　如何制订特殊福利政策 …………………………………… 246

第7章 工资制度与工资形式设计工作常见问题

7.1　如何以绩效为导向设计工资制度 …………………………… 251
7.2　如何以能力为导向设计工资制度 …………………………… 252
7.3　如何确定员工的工资标准 …………………………………… 254
7.4　如何设计岗位工资 …………………………………………… 257
7.5　如何设计计件工资 …………………………………………… 259
7.6　如何设计计时工资 …………………………………………… 261
7.7　如何设计佣金制工资 ………………………………………… 263
7.8　如何设计年薪制工资 ………………………………………… 265
7.9　如何使绩效奖励计划发挥应有作用 ………………………… 269
7.10　如何制订奖金分配政策 …………………………………… 271
7.11　如何制订利润分享计划 …………………………………… 274
7.12　如何制订长期绩效奖励计划 ……………………………… 276
7.13　如何制订短期绩效奖励计划 ……………………………… 278
7.14　如何制订经营者股票期权制 ……………………………… 280
7.15　如何制订员工持股计划 …………………………………… 282
7.16　如何设计通用的薪酬模型 ………………………………… 285
7.17　如何设计专业技术人员的薪酬模型 ……………………… 286
7.18　如何设计项目经理的薪酬模型 …………………………… 288
7.19　如何设计特殊人员的薪酬模型 …………………………… 289

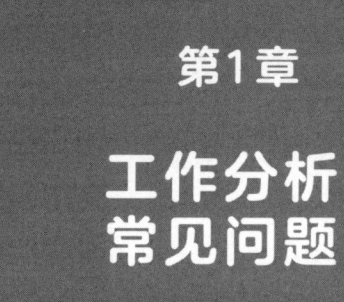

第1章

工作分析常见问题

职位说明书与职位规范，作为工作分析的结果，好似一对孪生兄弟，既密切联系又相互独立。如果管理者不能将它们编制成文件，管理者以前所做的工作分析将失去价值。所以，掌握了必要的工作分析结果后，就应该着手编写职位说明书与职位规范。

1.1 如何做好工作分析前的准备工作

> **工作场景描述**
> 当要明确进行工作分析前应该做好哪些准备工作时,可查看。

解读与分析

工作分析可以使各个职位的工作职责清晰化,明确工作内容和任职者任职所必须具备的条件。管理者进行人员招聘和任用时,也应该非常清楚具备什么素质的人能够胜任工作。要想做好工作分析,管理者就必须做好工作分析前的准备工作。

1. 确定工作分析的目的

明确所要收集的工作资料到底用来干什么,要解决什么管理问题,这对选择分析方法、确定组织规模和确定信息收集的范围等有重要意义。

2. 限定信息类别和收集方法

限定所要收集的信息类别和收集方法,以节约时间、精力和费用。

3. 选择被分析的工作

为了保证分析结果的质量,应选择有代表性、典型性的工作。

4. 建立工作分析小组

确定从事工作分析活动的员工的责任和权限,以保证分析活动的协调。

5. 制订工作分析规范

规范内容包括:工作职位分析的规范用语、工作职位分析活动的进度、工作职位分析活动的层次、工作职位分析活动的经费等。

6. 做好必要的宣传工作

通过开展宣传工作宣扬活动的目的,相关人员可求得工作信息提供者的合作,并获得真实、可靠的信息。

工作分析是获取职位信息的重要手段,做好准备工作将有助于工作分析工作的顺利开展。

> **关键点提示**
>
> 要想做好工作分析前的准备工作,相关人员应该做到:
>
> 1.确定工作分析的目的;2.限定信息类别和收集方法;3.选择被分析的工作;
>
> 4.建立工作分析小组;5.制订工作分析规范;6.做好必要的宣传工作。

1.2 如何使用问卷调查法收集职位信息

> **工作场景描述**
>
> 当想利用问卷调查法快速、高效地从大量员工中获取职位信息时,可查看。

解读与分析

在使用问卷调查法时,工作分析人员要掌握以下内容。

1. 明确问卷调查的具体过程

(1)事先需征得样本员工直接上司的同意,尽量获取员工直接上司的配合,以免扰乱员工正常的工作安排。

(2)为样本员工提供安静的场所和充裕的时间。

(3)向样本员工讲解工作分析的意义,鼓励样本员工真实、客观地填写调查问卷,并说明填写调查问卷时的注意事项。

(4)工作分析人员随时解答样本员工填写问卷时提出的问题。

(5)样本员工填写完毕后,工作分析人员要认真地进行检查,查看是否有漏填、误填的现象。如果对问卷填写结果有疑问,工作分析人员应该立即向样本员工进行提问。

（6）问卷填写准确无误后，完成职位信息收集任务，向样本员工致谢。

2. 掌握问卷的设计方法

调查问卷分为开放式和封闭式两种。面对开放式调查问卷时，样本员工自由回答所提出的问题；而在面对封闭式调查问卷时，样本员工只能从所列答案中选择最适合的答案。

不论哪一种调查问卷，其内容应包括以下几项。

（1）基本资料：姓名、性别、年龄、职称、部门、学历、现任职务、直接上级、薪资等级及收入、任职时间。

（2）工作内容：工作目标、工作概要、工作程序。

（3）工作时间：正常工作时间、休息时间、加班时间、出差情况。

（4）工作强度：工作压力、精力集中程度、体力要求、工作紧张程度。

（5）任职者所需水平技能：学历要求、工作经验、综合知识、工作灵活性、综合能力。

关键点提示

使用问卷调查法时，工作分析人员要掌握以下内容：

1.明确问卷调查的具体过程；2.掌握问卷的设计方法。

1.3 如何使用面谈法收集职位信息

工作场景描述

当利用面谈法对职位信息进行收集时，可查看。

解读与分析

面谈法是企业应用最广的方法之一，可以获得问卷调查法不能得到的信息，也可对已获得的信息加以证实。使用面谈法时，工作分析人员要掌握以下内容。

1. 明确面谈法的操作步骤

（1）事先需征得样本员工直接上司的同意，尽量获取其直接上司的支持。

（2）在无人打扰的环境中进行面谈。

（3）向样本员工讲解工作分析的意义，并介绍面谈的大体内容。

（4）为了消除样本员工的紧张情绪，工作分析人员可以以轻松的话题开始，营造轻松的气氛，使样本员工畅所欲言。

（5）鼓励样本员工真实、客观地回答问题，不必对面谈的内容产生顾虑。

（6）工作分析人员按照面谈提纲上的顺序，由浅入深地进行提问，把握面谈的方向，防止样本员工跑题。

（7）在不影响与样本员工谈话的前提下，进行谈话记录。

（8）在面谈结束时，应该让样本员工查看并确认谈话记录。

（9）谈话记录确认无误后，完成信息收集任务，形成调研报告。

2. 正确拟订面谈提纲

在进行面谈前，工作分析人员要拟订好面谈提纲，这样在面谈中才可以有针对性地提问，获得最有价值的信息。面谈提纲中的项目一般包括如下内容。

（1）员工现任职务。

（2）具体工作内容。

（3）工作时间。

（4）工作场所。

（5）学历。

（6）工作所需知识和技能。

（7）工作责任。

（8）工作环境和安全卫生条件。

（9）工作强度。

面谈法对谈话双方都有较高的要求，但如果应用合理，能得到一些其他方法不能获得的信息。在使用面谈法时，工作分析人员应注意以下几点。

（1）在面谈前应确定收集信息的内容并制订详细的提问单，把握问题与目的的关系，并注意挑选参加座谈的工作执行者。

（2）面谈过程中应保持友好、亲善的态度。

（3）工作分析人员应同不同的工作执行者及对工作较为熟悉的直接主管进行面谈，从而保证收集到的信息尽可能真实。

关键点提示

使用面谈法收集职位信息时，相关人员要做到：
1.明确面谈法的操作步骤；2.正确拟订面谈提纲。

1.4 如何使用观察法收集职位信息

工作场景描述

当要利用观察法收集职位信息时，可查看。

解读与分析

使用观察法时，工作分析人员通过对特定对象进行观察，把有关工作的内容、原理、方法、程序、目的等信息记录下来，最后把取得的职位信息归纳整理为适用的文字资料。使用观察法收集职位信息时，工作分析人员应明确以下内容。

1.了解使用观察法的前提条件

（1）观察者有足够的实际操作经验。

（2）观察时观察对象的工作应相对稳定，即在一定时间内，工作内容、程序，对工作人员的要求不会发生明显的变化。

（3）适用于大量标准化的、周期较短的、以体力劳动为主的工作，不适用于以脑力劳动为主的工作。

2. 运用观察法进行工作分析的步骤

（1）初步了解工作信息。

①检查现有文件中现有工作的总体概念：工作的目的、主要任务和作用、流程。

②准备一个初步的任务清单，作为观察和面谈的框架。

③为数据收集过程中涉及的还不清楚的主要项目做注释。

（2）现场观察、面谈。

工作分析人员可以在员工工作期间观察并记录员工的工作活动，然后和员工进行面谈，请员工进行补充，也可以通过问卷获得基本信息，再通过访谈和直接观察来确认和补充已了解的情况，还可以一边观察员工工作，一边交谈。

面谈时的注意事项如下。

①最好首先选择一个主管或有经验的员工进行面谈，因为他们了解工作的整体情况以及各项任务是如何配合进行的。

②确保所选择的面谈对象具有代表性。

（3）合并工作信息。

①工作信息的合并是把从主管、工作者、现场观察者等处得到的信息以及有关工作的书面材料，合并为一个综合的工作描述。

②工作分析人员可以随时获得补充材料。

③检查最初的任务或问题清单，确保每一项都已经被回答或确认。

（4）核实工作描述。

①核实阶段要把所有面谈对象召集在一起，面对面核实工作描述内容，目的是确保信息合并阶段得到的工作描述的完整性和精确性。

②核实应该以小组的形式进行，把工作描述文件发给主管和工作的承担者，分别进行核实。

③工作分析人员逐字逐句地核实整个工作描述内容，并在有遗漏和含糊不清的地方做出标记。

合理使用观察法，能够得到一手材料，信息真实。针对职位具体情况恰当选用观察法，可以取得良好的效果。

工作分析人员使用观察法时应注意以下问题。

（1）要注意员工样本的代表性。

（2）观察人员在观察时尽量不要引起被观察者的注意，以免干扰被观察者的工作。

（3）观察前要有详细的观察提纲和行为标准。

（4）观察者要避免机械记录，记录的内容应反映出工作有关情况，并要对工作信息进行比较和提炼。

> **关键点提示**
>
> 工作分析人员利用观察法进行工作职位分析的步骤如下：
> 1.初步了解工作信息；2.现场观察、面谈；3.合并工作信息；4.核实工作描述。

1.5 如何确定职位说明书的内容

工作场景描述

当想确定职位说明书的内容时，可查看。

解读与分析

职位说明书作为工作分析的结果，是对工作有关信息进行描述的陈述性文件。它在人力资源管理中有着重要的作用，是人力资源管理活动的基本依据。

职位说明书通常包括以下几项内容。

1. 工作标识

工作标识包括工作名称、工作编号、所属部门、直接上级主管等。工作名称应与实际的工作内容相符，避免产生误解。

2. 工作概要

它从总体上描述工作的性质，只需列出工作的主要项目和功能即可，不必细分工作职责与工作任务。

3. 工作职责与任务

工作职责与任务表明了任职者所从事的工作在组织中承担的责任，以及所需完成的工作内容。另外，在必要时，还可列出一些其他要求。

4. 工作权限

职位说明书中应当明确规定任职者的权限范围，包括决策的权限、对其他人实施监督的权限以及经费预算的权限等。

5. 工作联系

工作联系（也称工作关系）用于说明任职者与组织内外的其他部门或人之间所发生的联系。它一方面需要描述任职者所必须面对的各种工作关系，另一方面，要列举出工作联系的频繁程度、接触的目的和重要性。

6. 工作绩效标准

它是企业希望员工在执行职位说明书中每一项工作任务时所要达到的标准，根据基于工作职责的客观的业绩考核体系给出的评价比对任职者工作的主观评价更为公正。

7. 工作条件

职位说明书中要列明工作岗位所处的环境条件，如温度、噪音、粉尘状况等。在有些职位说明书中，还要标明环境中存在的危险或对任职者身体健康有害的因素。

8. 职位规范

职位规范列出任职者为完成某项工作所要具备的资格条件，如教育经历、经验、培训经历等。这部分将在之后详细说明。

以上介绍了职位说明书通常包括的内容，具体运用时，还要结合实际，加以选择。

> **关键点提示**
>
> 职位说明书的内容包括：
>
> 1.工作标识；2.工作概要；3.工作职责与任务；4.工作权限；5.工作联系；6.工作绩效标准；7.工作条件；8.职位规范。

1.6 如何选择职位说明书的表达形式

> **工作场景描述**
>
> 当要采用一定的书面形式将职位说明书表达出来时，可查看。

解读与分析

职位说明书的编写并无绝对固定的模式，其表达形式需根据具体的工作特点、目的与要求来选择。一般来说，企业的职位说明书大体有三种形式：叙述式、表格式和复合式。下面通过具体事例来说明这三种形式的编写格式，相关人员在实际使用时还需灵活运用。

（1）叙述形式的职位说明书。

叙述形式的职位说明书（部分）

职务：发货员

部门：货品收发部门

地点：仓库A楼

工作概况：根据销售部门发来的发货委托单据，将货品发给客户；和其他发货员合作，徒手或靠电动设备从货架上搬卸货品，打包装箱，以备运输。

教育程度：高中毕业

工作经历：可有可无

工作责任：

①75%的时间从事以下工作：a.搬卸货品，打包装箱；b.根据运输单位在货运单上标明的要求，磅秤纸箱并贴上标签；c.协助送货人装车。

②10%的时间从事以下工作：a.填写有关货运的各种表格；b.打印表格和标签；c.将有关文件整理归档。

③其他时间从事以下工作：a.协助别人盘点存货；b.为其他发货员或收货员检查货品；c.保持工作场所清洁。

工作关系：与打包工、仓库保管员密切配合，装车时与司机联系，有时也和销售部门的人有接触。

工作设备：操作提货升降机、电动运输带、打包机和打字机。

工作环境：干净、明亮，有保暖设备。

（2）表格形式的职位说明书。

表格形式的职位说明书（部分）

工作概要
综合管理公司人事、行政和总务，主持各种规章制度的编制并负责监督实施，同时负有管理、指导和培训本部门员工的责任

工作内容		
编号	工作任务	消耗时间（%）
1	公共关系	
2	人员招聘与录用	
3	员工考核	
4	劳动合同与劳动争议管理	
5	工资管理	
6	员工保险与福利管理	
7	处理各种文件资料	
8	规章制度的制订实施与修改	
9	公司经营状况的常规分析	
10	财务报表审核	

(3）复合形式的职位说明书。

复合形式的职位说明书（部分）

工作场所			室内80%　室外20%　特殊场所		
危险性	危害程度		具有一定危险性		
	发生频率		极少		
	其他				
职业病	名称		说明		
工作时间	一般工作时间		固定　1　2　3　4　5　经常变动		
	主要工作时间	白天	备注		加班时间少
		晚上			
		不确定			
工作均衡性			均衡　1　2　3　4　5　不均衡		
环境			舒适　1　2　3　4　5　极不舒适		

关键点提示

职位说明书的三种表达形式：

1.叙述形式的职位说明书；2.表格形式的职位说明书；3.复合形式的职位说明书。

1.7　如何掌握职位说明书的编写技巧

工作场景描述

当要正确、规范地编写职位说明书时，可查看。

解读与分析

职位说明书是用来指导任职者如何工作的，它不仅可以帮助任职者了解其工作，明确其职责范围，还可为管理人员的决策提供参考。规范的职位说明书是企业的巨大财富。那么，如何才能编写出规范的职位说明书呢？在编写过程中，需要掌握哪些技巧呢？编写者可从以下几方面入手。

（1）要用专业术语来描述。在编写职位说明书时，应选用最专业的词汇来描述工作特点和对任职者的要求，比如："分析""收集""分解""监督"等。

（2）在措辞上，应尽量使用简洁、精练的语言。

（3）对工作的描述应清晰透彻，让任职者一目了然。

（4）每个句子应该以一个主动动词开头，采用动宾结构，少用或不用形容词。如描写工作目的时，可采用"执行……，以实现/推进……"这种句型。

（5）在使用那些只有一种含义的词语，以及用来详细描述工作完成方式的词语时，要小心谨慎。

（6）最好用统一格式，注意整体协调，做到美观大方。

可见，职位说明书的编写是经验、规范与技巧的结合，它需要编写者在掌握大量信息的基础上，运用专业术语和文法技巧来最终完成。

工作分析中常用的动词有：获得、控制、编辑、操作、管理、组织、寻找、分析、设计、执行、销售、发展、计划、指导、评估、分配、解释、编写、计算、检查、制作、建议、处理、研究、解决、建立、测试、培训、维持、回答。

关键点提示

编写者在进行职位说明书的编写时需掌握以下技巧：

1.用专业术语来描述；2.使用简洁的语言；3.对工作的描述应清晰透彻；4.句子采用动宾结构；5.格式要统一。

1.8 如何编写职位说明书

工作场景描述
当经过工作分析后要编写一份完整的职位说明书时，可查看。

解读与分析

职位说明书的编写，是指通过对工作分析的结果加以整合，以形成具有企业制度效果的正式文件的过程。其编写步骤如下。

1. 信息收集

浏览并分析企业中现有的各种管理制度等资料，并和企业的主要管理人员进行交谈，以便对企业中各个职位的主要任务、主要职责等有大致了解。

2. 工作分析调查

灵活运用多种工作分析方法来开展工作分析调查活动，尽可能全面获取该工作的相关信息。

3. 信息处理

借助统计、计算机等手段和工具对所获取的工作信息进行分类整理，并加以详细分析，使每一项工作的相关信息更加条理化、清晰化。

4. 形成初稿

针对每项具体工作所要收集信息的要求，逐条列出这一工作的相关内容，初步形成职位说明书。

5. 意见征询

召集整个工作分析过程中所涉及的人员，向他们分发职位说明书的初稿，并对其完整性、准确性、合理性进行讨论，由工作分析人员详细记录每个人的意见。

6. 审查初稿

根据讨论结果，对职位说明书初稿进行进一步的修改与审查。

7. 定稿

最终形成一份详细的、清晰的、准确的职位说明书。

最后需要强调的是，职位说明书的编写过程是一个复杂的过程，工作分析人员不仅需要具备较丰富的专业知识、掌握编写技巧，还要有耐心、细致编写各项内容，如此才能编写出一份合格的职位说明书。

在人力资源管理活动中，职位说明书的作用主要表现在三个方面：作为开发其他工作结果表现形式的基础、作为可直接利用的原始资料、作为工作研究的依据。

> **关键点提示**
>
> 职位说明书的编写步骤包括：
> 1.信息收集；2.工作分析调查；3.信息处理；4.形成初稿；5.意见征询；6.审查初稿；7.定稿。

1.9 如何确定职位规范的内容

> **工作场景描述**
>
> 当想确定职位规范的内容时，可查看。

解读与分析

职位规范是对职位说明书的补充，它需要说明为完成职位说明书中所列出的各项工作任务，任职者应该具备怎样的知识技能、身体素质、心理素质、工作经验及职业道德。一般来说，通过对职位说明书中的每一项工作任务、职责进行回答，并加以综合整理，即可得出职位规范的总体内容。其主要包括以下几方面。

1. 体能素质要求

它包含身体素质和心理素质两方面。

（1）身体素质即从事体力或脑力劳动所需要的身体条件，包括身高、体形、耐力、力量大小以及身体健康状况等。

（2）心理素质包括：视觉、听觉等各种感、知觉能力，记忆、思维、语言等能力，兴趣、爱好、性格等个性特点等。

2. 知识要求

知识要求指任职者胜任某项工作应具有的知识结构和知识水平，一般可采用六级表示法进行评定，即：精通、通晓、掌握、具有、懂得、了解。知识要求由以下六项组成。

（1）学历要求，即规定任职者从事某一工作的最低学历。

（2）专门知识，即任职者胜任某项工作要求具备的专业理论知识，如掌握某台机器的工作原理、性能、构造和技术操作要点。

（3）政策法规知识，即任职者应具备的政策法规方面的知识。

（4）管理知识，指任职者应具有的业务管理知识。

（5）外语水平。根据工作需要，任职者对相关的外语应适当掌握。

（6）其他相关知识。除了要精通本专业的知识外，任职者还应懂得、了解其他相关知识。

3. 能力要求

其主要包括以下几项。

（1）理解判断能力，对有关方针、政策、目标任务有一定的认识与领会，具备对本工作中出现的各种问题进行分析与判断的能力。

（2）学习能力，具备对某一工作领域进行研究、开发与创新的能力。

（3）决策能力，具备从整体的角度，对关系重大的事件进行决策的能力。

（4）组织协调能力，具备开展组织工作以及与有关部门互助协作的能力。

（5）交际能力，为开展工作在社会交往、人际关系方面应具备的能力。

（6）语言文字能力，包括口头和书面两方面，比如在起草文件、编写工作计划、做业务记录以及宣传方面，应具有一定的语言文字能力。

（7）解决问题能力。在具体执行工作任务、处理相关业务的过程中，需具备解决问题的能力。

4. 经历要求

其主要涉及工作年限及过去的相关工作经验两方面。工作不同，对经历的要求也大不相同，有些技术性强的工作对工作年限、相关经验的要求比较高。

5. 职业道德要求

任职者除了要满足上述能力要求外，还必须具备良好的职业道德，这是做好本职工作的重要前提和保证。任职者应具备诚信、敬业、尊重他人等优秀品质。例如，医生要有医德，救死扶伤；教师要有师德，教书育人；商人要讲信誉，诚信第一。

总的来说，职位规范涉及以上五个方面的内容。实际工作中不能照搬照抄，应该结合实际情况进行选择性描述。

关键点提示

职位规范的内容主要有：
1.体能素质要求；2.知识要求；3.能力要求；4.经历要求；5.职业道德要求。

1.10 如何选择职位规范的表达形式

工作场景描述

当需要采用一定的形式将职位规范表达出来时，可查看。

解读与分析

职位规范是工作分析结果的另一种表达形式，它不是任职者资格要求信息的简单累积，相关人员要通过一定的形式将其清楚地表达出来，以便招聘、考核员工时查阅。

职位规范的表达形式一般有三种，即：计分式、文字表达式、表格式。

1. 计分式

计分式是根据一定的标准，对任职者每个方面的能力要点进行计分，并通过图表表现出来，比较直观。通常用到的标准是5点计分标准，也可用7点或11点计分标准。下表是对5点计分标准的具体描述。

5点计分标准表

计分	级别	说明
1	最低	不需要此种能力
2	较低	不大需要此种能力
3	一般	可以考虑此种能力
4	较高	比较需要此种能力
5	最高	非常需要此种能力

2. 文字表达式

文字表达式侧重于用文字来描述，分析细致，重点突出，若对任职者某项能力没有定量要求时，可考虑用此种方式。经常见到的叙述式职位规范就是采用的这种形式，这里不再举例。

3. 表格式

用表格的形式进行描述虽然不如计分式直观，但突出重点，且由于用定量的方法来分析问题，因而经常会被企业使用。下表是某企业员工职位规范的表格式表达。

职位规范的表格式表达

项目	程度									具体情况
	必要性				频率		训练			
	很有必要	必要	有帮助	希望	经常	有时	高度	低度	无须	
迅速认出不引人注意的东西		√			√			√		发现接头断线及织物上的小孔
用触觉发现不明显的不平滑处										用触觉检查织线是否平滑
区别主要颜色										织彩色布料时使用
估计很短的时间间隔										织机停止，在纱管尽头找线的时间

人力资源工作常见问题清单

以上三种形式仅供参考，具体编写时，相关人员可选择使用适合的形式。

关键点提示

职位规范的表达形式：

1.计分式；2.文字表达式；3.表格式。

1.11 如何编写职位规范

工作场景描述

当需要通过工作分析编写一份完整的职位规范时，可查看。

解读与分析

在确定职位规范的内容及形式后，就可以编写职位规范文件了。

职位规范的编写一般有两种方法：一种是经验判断法，另一种是统计分析法。经验判断法主要是通过回答一些问题来进行编写，比如：要做好这份工作，任职者需要具备什么样的教育背景？采用经验判断法编写时，职位规范虽然是由有经验的专业人士进行编写的，但不可避免会带有一定的主观色彩。本节主要介绍如何用统计分析法编写职位规范。

统计分析法主要用于说明特征与工作绩效之间的关系：其一，任职者特点的一些预测指标，如智力、运动协调能力、语言表达能力；其二，任职者工作绩效所要求达到的指标，比如绩效等级。这一过程主要包括以下内容。

（1）实施工作分析，在此基础上来确定如何对任职者的工作绩效进行评价。

（2）制订相应的工作绩效评价的指标体系。

（3）表示出那些能够反映任职者工作绩效水平的关键特征，如手指灵活度、空间想象力等。

（4）实际测试工作候选人身上是否具备所要求的关键特征。

（5）对于合格的候选人，等其任职以后，再衡量其真实工作绩效水平。

（6）对任职者的特征与工作绩效之间的关系进行统计分析。

按照上述步骤来实施，就可以用统计分析法确定任职者的特点了。在此基础上，参考职位说明书的编写过程，就可得到一份完整的职位规范文件了。职位规范的编写样本可参见"招聘专员的职位规范表"。编写职位规范时要注意不要触犯相关的法律条文，严禁种族、宗教、性别、年龄、身体状况等方面的歧视。如果任职资格要求不恰当地限制了任何受保护群体的就业权益，将触犯法律，除非能证明这一要求是任职者从事该项工作所必需的，是切实的任职资格要求。

招聘专员的职位规范表

职位名称	招聘专员	编号	01
部门	人力资源部	直接上级	人力资源部经理
分析人员	小张	分析日期	2021年6月
个人信息	（1）年龄：25~40岁 （2）性别：不限 （3）身高：女性要求为1.55~1.70米，男性要求为1.60~1.85米 （4）体重：与身高成比例，在合理的范围内即可 （5）视力：必须能够看清计算机屏幕、数据报告和其他文件 （6）听力：必须足以与同事和顾客交流 （7）健康状况：无残疾、无传染病 （8）外貌：无畸形，出众更佳 （9）声音：发音标准，语速正常		
知识和技能要求	（1）学历、专业要求：本科以上，人力资源专业、心理学专业或相关专业 （2）工作经验：3年以上大型企业工作经验 （3）专业背景要求：曾从事人力资源招聘工作2年以上 （4）英语水平：通过大学英语六级 （5）计算机：熟练使用office办公软件		
特殊要求	（1）语言表达能力：能够准确地与部门主管交流工作情况，能够进行人力资源的规划和预测，能够准确、清晰、生动地向应聘者介绍企业情况，能够准确、巧妙地解答应聘者提出的各种问题 （2）文字表达能力：能够准确、快速地将希望表达的内容用文字表达出来，对文字很敏感 （3）工作认真细心，能认真保管好各类招聘材料 （4）有较强的公关能力，能准确地把握同行业的招聘情况		
其他要求	能够适应随时出差		

> **关键点提示**
>
> 相关人员运用统计分析法编写职位规范时要着重把握以下几点：
> 1.实施工作分析；2.制订工作绩效评价指标体系；3.表示出反映任职者工作绩效水平的关键特征；4.实际测试候选人；5.衡量任职者真实的工作绩效水平；6.进行统计分析。

1.12 如何解决由工作分析契约引起的纠纷

> **工作场景描述**
>
> 当需要解决由职位说明书与职位规范内容不完善引起的矛盾纠纷时，可查看。

解读与分析

工作分析契约涉及心理认同，在员工和管理者中普遍存在。比如，职位说明书规定了员工的主要工作任务和工作职责，那么员工就会认为只要做好这些工作就可以了。职位规范描述了任职者的资格条件，管理者因此会认为这就是现职人员仅有的知识和技能，他们并不具备承担更多责任的能力。

由工作分析契约引发的纠纷很常见。比如，当主管人员给其下属安排某项临时性工作任务时，下属却以职位说明书中并未列出该项任务为由拒绝执行；当下属想要承担更多工作责任时，又经常会遭到主管人员的拒绝，其理由是职位说明书中未包括该职责，所以不应越职工作。以上这些问题若处理不当，易引发矛盾，引起上下级之间的纠纷。

那么，如何解决并避免发生由工作分析契约引发的纠纷呢？最根本的方法是，工作分析人员在编写职位说明书与职位规范时要注意其完备性、预测性，同时也要使其具有一定的弹性。具体来说，有如下几条。

1. 编写要完备

在职位说明书与职位规范的编写中，尽量做到体系完整、内容完备，要尽可能列出各种工作任务、职责以及任职者承担该工作所需的最低任职资格。

2. 编写要灵活

工作任务和任职资格并非一成不变的，所以，编写职位说明书与职位规范时要留有余地，以适应未来的工作发展趋势。

3. 编写内容具有一定的弹性

为了克服动态环境、突发事件的影响，在编写过程中应是使编写内容具有一定的弹性。比如，可向员工解释说明所列出的只是工作中的最低要求，而非最高限定。也可增加"备注"内容，如"完成上级分配的其他工作"等，这样可以有效避免纠纷的产生。

关键点提示

编写职位说明书与职位规范时要注意以下几点：
1.完备；2.灵活；3.内容具有一定的弹性。

1.13　如何保证职位说明书的质量

工作场景描述

当想要保证职位说明书的质量时，可查看。

解读与分析

目前，很多企业为了规范与协调各工作岗位的职责，普遍进行了工作分析。然而，由于工作分析涉及方方面面，持续时间长且内容繁杂琐碎，因此往往投入多、产出少，通过大量的工作分析得到的职位说明书得不到应有的质量保证。如何解决这个问题呢？关键是要明确职位说明书的质量标准。一份合格规范的职位说明书必须达到以下标准。

人力资源工作常见问题清单

1. 准确

职位说明书要准确地说明对某项工作的具体要求和任职资格。这里的"准确"有两方面的含义：其一，它所说明的工作要求及任职资格首先应是正确的，要真实地反映出该工作的基本情况和主要特征；其二，职位说明书应是明确的，即要表达清楚，不能含糊其词、模棱两可。只有做到准确，职位说明书才能为人力资源管理中的其他工作提供切实可靠的依据。

2. 完备

为了更好地揭示某一工作的具体要求和主要特征，职位说明书应对该项工作的工作职责及任职资格等做全面完整的描述，不能有遗漏或省略的地方。

3. 具有普遍适用性

这主要是为了使不同的工作之间可以相互参照、比较。职位说明书的每一项内容最好是被分析的各种工作所共有的，这样，不同的工作之间才有可比性，从而有利于确定各种工作的相对价值，为薪酬设计、绩效考核等提供参考依据。

4. 实用

职位说明书是进行人力资源管理活动的基本依据，其中员工招聘、薪酬设计、绩效考核等都要依据职位说明书的要求来进行。所以，职位说明书的内容必须具有实用性，如对主要职责的说明、对任职资格的要求等。这样更便于操作，从而得出切实、可靠的结果。

5. 具有预见性

工作是在不断变化和发展的，职位说明书中也应体现出这一特点。它既要严格真实地反映工作的现实特征，又要具备一定的柔性或弹性，以便预见和适应未来的工作变化趋势。

6. 逻辑性强

编写职位说明书时要符合逻辑顺序，尤其是在对任职者工作职责的描述上。一般来说，按重要程度和所花费的时间来排列各项工作职责，并注意将相近的工作职责列在一起，有助于任职者对职位说明书的理解和使用。

7. 简约

简约一方面表现在职位说明书的措辞上，应尽量使用简洁的语言；一方面体现在内容上，要求表达精练、严谨、合理，如对主要职责的叙述不交叉、不矛盾，条理清晰。

8. 统一

职位说明书的文件格式最好统一，注意整体协调与美观。

关键点提示

为保证职位说明书的质量，编写的职位说明书必须达到以下标准：

1.准确；2.完备；3.具有普遍适用性；4.实用；5.具有预见性；6.逻辑性强；7.简约；8.统一。

1.14 如何在工作分析基础上制订人力资源规划

工作场景描述

当进行工作分析的目的是制订人力资源规划时，可查看。

解读与分析

人力资源规划指企业根据自身的战略目标和任务要求，科学地预测、分析其在变化环境中的人力资源供给和需求情况，而后制订的必要计划和方案。其可确保企业在有需要时获得各种岗位所需人才。

在制订人力资源规划前，企业首先应当对当前的各种职位进行审核。职位说明书中一般包含这一审核所需的详细资料，如目前企业内职位的类型、数量以及它们之间的相互关系等。

工作分析的结果可以为人力资源规划提供可靠的依据。一个企业有多少种职位？这些职位目前的人员配备能否达到工作要求？今后几年内，工作将有哪些变化？人员的结构应做出怎样的调整？几年甚至几十年内，人员增减的趋势如何？后备人员的素质应达到什么样的水平？这些问题都可以依据工作分析的结果做出适当的处理和安排。

可见，人力资源规划的制订是以企业的工作分析为基础的，同时它又为下一步的人力资源管理活动制订了目标、原则和方法。所以，在不断变化的环境下，有效地进行人力资源规划，对于企业的生存和发展尤为重要。

人力资源规划的三大核心工作是：人力资源需求预测、人力资源供给预测和人力资源供需平衡。以此为核心，人力资源规划的制订过程大体分为以下几步。

1. 收集、整理相关信息资料

这是人力资源规划的基础。主要资料有企业的经营战略与目标、组织结构设计、职位说明书，这些资料都可在工作分析中获取。另外，还要收集一些对企业经营环境"硬约束"的资料，包括社会、政治、经济、法律环境资料等，这也是制订人力资源规划时必须要考虑的。

2. 核查现有人力资源状况

核查现有人力资源状况，其关键在于弄清现有人力资源的数量和质量、结构及分布状况，为将来的规划工作做好准备。为此，需借助于人力资源管理信息系统，详细了解员工各方面的资料，包括员工个人基本情况、工作态度、工作经验、工作绩效、工作职位及离职记录等。只有全面了解了员工的情况，才能准确地制订人力资源规划。

3. 预测人力资源需求状况

这是整个人力资源规划工作中最关键的工作，技术性要求较高。它主要是根据企业的战略规划和内、外部条件来选择预测技术，然后对人力资源需求的结构和数量进行预测。不同企业中影响需求的因素、指标各不相同，预测前要慎重选择这些因素、指标。

4. 预测人力资源供给状况

人力资源供给状况预测分为内部和外部供给状况预测两部分。一般情况下，内部预测的准确度较高，外部预测则有太大的不确定性，它主要侧重于企业中的关键人员，比如高级管理人员、技术人员。

5. 确定人力资源净需求状况

对需求与供给状况的预测结果进行对比分析，可测算出企业对各类人员的净需求。

净需求不仅包括人员数量、结构，还包括人员的标准。有了这个净需求，企业就可以依此来开展招聘、培训等工作了。

6. 制订人力资源规划

这是比较细致的工作，主要包括：晋升规划、补充规划、培训开发规划。在这些规划中，既要有指导性的政策，又要有针对预测结果所采用的具体措施和方案。

7. 审核人力资源规划

人力资源规划完成后，应先与各部门负责人沟通，根据沟通结果和反馈意见，对规划进行修订，最后提交企业的决策层审议通过。

> **关键点提示**
>
> 人力资源规划的制订过程分为以下几步：
> 1.收集、整理相关信息资料；2.核查现有人力资源状况；3.预测人力资源需求状况；4.预测人力资源供给状况；5.确定人力资源净需求状况；6.制订人力资源规划；7.审核人力资源规划。

1.15 如何在工作分析基础上实行定员管理

> **工作场景描述**
> 当将工作分析结果用于定员管理时，可查看。

解读与分析

定员管理所要解决的问题是企业各工作岗位需配备什么样的人员，以及配备多少人员，即从数量和质量上同时规定使用人员的标准，以此实现人力资源的合理配备。

工作分析与企业的定员管理工作有着十分密切的联系。工作分析的结果对于企业的定员管理具有重要的作用，主要表现在：利用工作分析的结果，将企业内部的职位划分

人力资源工作常见问题清单

为若干类,合并相同性质的工作,并在此基础上建立起排列有序的职位体系。这样,企业内的每个具体职位都能在该体系中找到相应的位置,从而确定企业的职位数量、任职者数量及构成,为企业的定员管理提供依据。

同时,职位说明书提供了每个职位的性质、特征、职责以及任职资格等方面准确而详细的信息,从而为定员管理提供了标准。

因此,可以说定员管理是对工作分析的一种应用。那么,如何在工作分析基础上实现定员管理呢?

在工作分析基础之上对企业实行定员管理,可分为以下四个阶段。

1. 准备阶段

这个阶段主要是收集与分析有关定员方面的各种资料,主要包括:国家以及主管部门规定的定员标准、行业内部的定员资料、企业内部的定员资料、现行劳动定额的贯彻实施与实际完成情况、职位说明书及组织结构图。分析这些资料,可以为制订新的定员管理方案打下基础。

2. 制订方案阶段

在对相关资料进行整理与分析后,专业人士就可以对企业中的人员进行测定、核算,制订初始的定员管理方案了。可以采用不同的方法来制订方案,比如劳动效率定员法、设备定员法、岗位定员法、比例定员法等。制订方案时,要结合企业自身情况,选择合适的方法。初步的定员管理方案制订出来以后,需召集相关人员对方案进行讨论、修改,最终形成正式的定员管理方案。

3. 执行方案阶段

企业要按照制订的定员管理方案,具体安排好企业中的人员。执行过程中,企业需注意做好员工的思想工作,使他们能积极配合执行新的定员管理方案。另外,企业还需做好一些日常的管理工作,比如制订定员制度、健全各种统计报表、建立员工登记卡片等,这样可以及时掌握各个工作岗位的定员管理方案执行情况,从整体上加以把握。

4. 反馈与修订阶段

制订了定员管理方案,并不意味着定员管理工作就可以一劳永逸了。在定员管理方案执行过程中,要定期地进行统计与分析,这样有利于发现问题,杜绝问题的发生。要将问题及时反馈给相关定员管理人员,以对原始方案进行合理的修订与完善。

定员管理是提高企业劳动生产率的重要手段之一。做好定员管理工作,根据工作任务来合理使用劳动力,这样就可以避免人力资源的浪费。

关键点提示

定员管理的四个阶段:
1.准备阶段;2.制订方案阶段;3.执行方案阶段;4.反馈与修订阶段。

1.16 如何在工作分析基础上实现工作设计

工作场景描述

当进行工作分析的目的是进行工作设计时,可查看。

解读与分析

工作设计又称岗位设计,指根据组织目标,并兼顾个人需要,对工作内容、工作职责、工作关系等方面进行变革和设计。

工作分析可以提供工作内容和方式的相关信息,只是将它们描述出来是远远不够的,工作分析的价值远非如此。它还提供了很多其他有用信息,相关人员从中不但可以知道目前的工作是什么样子的,更重要的是,从这些信息中还可以分析出目前的工作内容设置是否合理,员工对自己目前的工作是否满意。

对工作进行分析,是进行工作设计的基础,尤其是对工作特性的分析,有利于提高员工的参与度。

可见,工作设计正是工作分析的主要应用领域之一。它所要解决的主要问题是企业向员工分配工作任务时选用何种方式的问题。

在工作分析基础上进行工作设计,需要对工作进行周密的计划和安排,除了需要

人力资源工作常见问题清单

考虑企业的劳动条件、管理方式及相关政策制度之外，还需要考虑员工的能力与素质因素。一般来说，可以通过以下四种途径对工作进行设计。

1. 工作轮换

工作轮换是指在不同的时间阶段，将员工轮换到另一个技术要求相近的岗位上去工作。工作轮换并不是要改变工作设计本身，而只是使员工定期从一个工作岗位转到另一个岗位上。这样，员工能够掌握更多不同的工作技能，提高对环境的适应力，可以从全新的角度来看问题。需要注意的是，并不是所有岗位都可以进行相互轮换的。所以，在工作轮换之前，为了明确员工可以轮换哪些工作，必须对工作进行分析。

2. 工作扩大化

工作扩大化是指工作横向扩展，工作的范围扩大，员工的工作内容增加，使工作本身更加多样化。工作扩大化增强了员工工作的多样性，改变了员工对工作感到单调、乏味的状况，在一定程度上增强、提高了员工的工作积极性及对工作的满意度，从而有利于提高工作效率。

3. 工作丰富化

工作丰富化是指工作向纵深方向扩展，以此增强工作的挑战性，以及工作任务的同一性和工作中的独立自主性。工作丰富化使员工对企业承担更多的责任，其核心内容包括与客户联系和自行安排工作计划，使员工得到整个任务以及直接反馈，从而使员工得到基于工作本身的激励和成就感。

4. 工作再设计

它将企业战略与员工的工作满意度相结合，充分考虑员工对某些问题的改进意见，并要求员工说明这种改变对实现企业的整体目标有哪些好处，是如何实现的。

总之，工作设计是改善工作质量的重要手段。合理进行工作设计，对于激发员工的工作积极性、提高员工的工作满意度，以及提高工作绩效都有重要作用。另外，各企业所使用的工作设计方法可能不同，既可使用一种，也可综合使用多种。

> **关键点提示**
>
> 工作设计的四种途径：
>
> 1.工作轮换；2.工作扩大化；3.工作丰富化；4.工作再设计。

1.17　如何在工作分析基础上组织开展招聘工作

> **工作场景描述**
>
> 当为了组织开展招聘工作而进行工作分析时，可查看。

解读与分析

在进行招聘工作前，企业必须要对内部需承担的工作进行分析，通过工作分析，明确招聘岗位的主要职责和任务，为招聘者和应聘者提供有关工作的详细信息。通过工作分析，企业可明确应聘者应具备的素质，组织有效的面试，选出合格的应聘者到适合的岗位上。

通过编写职位说明书与职位规范，工作分析提供了特定工作的性质和要求以及对任职者的要求，人力资源规划确定了所要招聘的职位数量，从而确定了招聘的人员数量。之后，企业就可以组织开展招聘工作了。招聘工作主要分以下几步实施。

（1）确定需招聘的职位和人员总数。依据人力资源规划，从总体上把握空缺的职位和人员数量，制订总体的招聘计划。

（2）根据职位说明书，明确空缺职位的工作任务及要求。

（3）根据职位规范，确认任职资格及招聘的内容和标准。

（4）选择招聘的渠道和方法。按照招聘计划中空缺职位数量和任职资格，根据对成本收益的计算来选择效果最好的招聘渠道和方法。若一种渠道和方法达不到目的，可综合采用不同的渠道和方法，以保证企业能在预计的时间内招聘到合格的人员。

（5）发布招聘信息。即通过选择的渠道，向可能应聘的人群传递招聘信息。

（6）筛选应聘者的资料。

（7）向初选合格的应聘者发出测试通知。

（8）招聘测试。测试方式依工作要求来定，一般有笔试、面试、专业考试、心理测验、情景模拟。

（9）做出录用决策。

（10）要求拟录用的人员体检并对其进行背景调查。

（11）发出录用通知。

（12）试用。

（13）签订劳动合同。

在招聘之前，管理者需要先对这一工作有确切的了解，通过工作分析可以做到这一点。这有助于把最符合条件的应聘者吸引到企业中来。

> **关键点提示**
>
> 招聘工作分以下几步实施：
> 1.明确需招聘的职位及人员数量；2.明确空缺职位的工作任务及要求，确认任职资格及招聘的内容和标准；3.选择招聘渠道和方法；4.发布招聘信息；5.筛选应聘者资料；6.招聘测试与录用决策；7.试用与签订劳动合同。

1.18　如何在工作分析基础上对员工进行培训

> **工作场景描述**
>
> 当进行工作分析是为员工培训提供服务时，可查看。

解读与分析

培训是人力资源开发与管理的重要组成部分,是开发现有人力资源和提高人员素质的基本途径。招聘到优秀人才并不等于拥有了优秀的员工,通过培训来帮助员工获得知识与技能,增强员工的自主性与自觉性是非常重要的。

培训从需求分析开始,以效果评估结束,一般经过以下几个阶段。

1. 培训需求分析

培训需求分析是组织开展培训活动的关键步骤,具体包括以下三个方面的内容。

(1)组织分析。通过组织分析,企业可了解相关背景,判断培训与企业的战略和资源是否相适应、人员对培训是否支持。

(2)工作分析。通过工作分析,企业可明确培训内容。工作分析主要研究员工具体的工作行为与企业期望的行为标准。通过工作分析,并结合对员工的实际绩效分析,企业可找出两者之间的差距,然后从员工的角度出发确定需要实施什么样的培训。

(3)个人分析。通过个人分析,企业可明确哪些员工需要培训,明确员工是否具备基本的技能、良好的态度和信心,明确员工需掌握哪些培训项目的内容。

2. 培训目标设置

明确培训需求以后,相关人员就可以设置培训的具体目标,为培训指明方向了。企业的培训目标,从大的方面来讲,分为以下三类。

(1)态度的转变:端正员工的工作态度,增强他们的工作积极性,从而使他们能以更好的精神状态投入到工作中去。

(2)自我意识的增强:加深员工对自己在企业中的角色以及与他人交往中的角色的了解,从而增强自我意识。

(3)知识技能水平的提高:提高员工的知识技能水平,并且指导他们更好地将这些知识技能应用于实践。

3. 培训计划编制

培训计划的编制过程就是将培训目标具体化的过程,编制的可以是总的培训计划,也可以是具体的培训计划。企业要根据培训目标,确定具体的培训项目、课程设置、师资力量、教学方法、参考教材、考核方式、辅助培训器材与设施等。

4. 培训活动实施

在培训活动实施过程中，相关人员需要对各项活动进行协调，操作起来难度较大，要注意以下几点。

（1）培训教师的选择。师资力量直接影响培训工作质量，所以，企业要根据不同要求，选择最适合的教师来对员工进行培训。

（2）培训教材的选择。企业要针对不同的培训目的，选择不同的培训教材。

（3）培训时间和地点的选择。培训时间方面，企业要考虑培训教师和员工双方的时间安排，保证培训有充分的时间；培训地点最好是交通便利、环境良好的场所。

（4）培训工具设施的使用。企业要把培训中可能用到的工具设施准备齐全，以方便使用，比如投影仪、幕布、录像机等。

5. 培训效果评估

在企业培训的某一项目或课程结束后，管理者要对员工培训效果进行一次总结性的评估，总结成功经验，找出不足之处，为下一轮的培训提供改进建议。

关键点提示

培训分为以下几个阶段：

1.培训需求分析；2.培训目标设置；3.培训计划编制；4.培训活动实施；5.培训效果评估。

1.19 如何在工作分析基础上进行绩效考核

工作场景描述

当对员工的工作绩效进行评价时，可查看。

解读与分析

绩效考核是指对企业员工的工作行为与工作结果进行全面的、系统的、科学的考察、分析、评估的过程。

绩效考核作为人力资源管理工作的一个环节，可为各项人力资源管理活动提供客观依据，是人力资源管理中不可缺少的一个环节。

1. 职位说明书与职位规范是绩效考核的指标来源

要想做好绩效考核，首先必须制订好绩效计划。在制订计划阶段，管理者与员工需要在绩效期望问题上达成一致。员工要对自己的工作目标做出承诺，这种承诺是基于工作职责而言的，因为工作职责具有比较稳定的核心特征，表现的是员工所从事工作的核心活动。而工作职责的来源是职位说明书与职位规范，或是基于工作分析的其他相关标准。

2. 工作关系决定了绩效考核的关系

大多数人认为绩效考核由任职者的直接主管来做就行了，其实不然。不同的工作关系，需要有不同的考核主体参与，也就是说，工作关系决定绩效考核的关系。有的工作关系只涉及组织内部，主管比较了解情况，所以可对任职者的工作绩效进行评价；有的工作要经常与客户打交道，其工作关系比较复杂，所以对任职者的工作绩效进行评价时，就需要考虑客户的意见，而不是仅仅由主管人员进行评价。

3. 工作特性决定了绩效考核的方式

通过工作分析，企业不仅可以了解到职位的工作职责，也可以获得许多工作特性方面的信息。不同特性的工作应采用不同的绩效考核方式。比如，对于独立性较强的工作，主要是以对工作最终结果的考核来代表其绩效考核，而不必太追求对工作过程中细节的掌握和控制；对于自由程度较低的工作，往往需要一步一步地去考核，不仅要关注工作结果，也要关注工作过程中每一个环节的实际产出。

4. 工作特性决定了绩效考核的周期

工作特性不同，对其进行考核的周期也会有差异。比如，研发人员由于任务特殊，工作复杂，其考核周期一般要比一线生产工人的考核周期长。所以，对于研发人员，可以采取季度或者年度考核；而针对一线生产工人的考核，往往间隔时间较短，可考虑采用月度考核。

可见，工作分析在绩效考核中起到了基础性的作用。在此基础上进行的绩效考核，一般包括以下六个步骤。

（1）确定考核内容。

考核内容是进行绩效考核前首先要明确的问题，一般情况下，考核内容包含"德""能""勤""绩"四个方面，它们是同工作能力、工作业绩、工作态度相联系的。

①工作能力。工作能力是指员工承担某项工作所需具备的知识、经验及专业技能，其本质是完成工作所必备的、稳定的个性特征。考核工作能力是考核员工在实际工作中发挥的作用是大还是小、能力是强还是弱，并做出评定。

②工作业绩。工作业绩是对员工工作结果进行的评价，它解决的问题是：员工工作完成得怎么样？评价结果可从工作数量、工作质量、工作效率、工作准确性等方面去衡量。

③工作态度。工作态度是工作能力与工作业绩相互转换的中介。工作能力决定了员工能不能承担某项工作，工作态度则决定了员工能不能干好，它是员工在工作时所表现出来的心理倾向，对工作业绩影响很大。

（2）制订绩效考核标准。

要使绩效考核发挥作用，管理者必须事先制订出合理的考核标准，而且这种标准必须准确、量化，其关键是通过工作分析设计出关键的考核指标。

①通过工作分析确定工作职责之后，明确这项职责应该产生的成果，即工作产出是什么。比如对于"人员招聘"这一工作职责，其对应的工作产出是"入职人员"。

②针对这些工作产出设置关键的考核指标。概括地说，主要可以从数量、质量、成本、时限、满意度五个方面对工作产出进行评估，从而得出考核指标。比如，对于"入职人员"这一工作产出，可以制订以下指标："数量上是否符合要求""试用期三个月后的结果""与规定时间限度的对照""所用的成本"等。

③考核指标的权重分配问题。考核指标的权重分配要根据考核的目的而定，包括加

权、赋分与计分几项工作，是在考核指标与考核标准确定之后必须进行的进一步量化的工作。

（3）实施考核。

实施考核即对员工的工作绩效进行考核、测定和记录，一般按事先设计好的考核表进行。企业在具体实施过程中要把握以下重点。

①考核者的选择与培训。考核者应了解被考核工作的性质、内容、要求、考核标准和企业政策，要熟悉被考核员工的工作表现等。为此，企业需要对考核者进行培训，提高他们的素质，以保证考核的客观性和有效性。

②员工自评与他评。通过自评，员工可了解工作绩效与工作期望间的差距，更清晰地体会到工作的目标与方向；通过他评，考核者与员工可进行有效的绩效考核沟通，有利于员工工作绩效的改进，达到激励员工内在的工作潜力、激发员工工作热情的目的。

③考核面谈。考核面谈是绩效考核实施过程中必不可少的环节，也是绩效考核反馈的主要形式。考核者要谨记考核面谈的目的是与员工讨论工作绩效，并不讨论或涉及员工人格，要注重员工未来要做的工作，而不是已经做过的工作。

（4）考核结果的分析与评定。

将员工实际工作绩效与工作期望进行对比，并依据对比结果来评定员工的工作绩效。

（5）绩效考核结果反馈与改进。

绩效考核的结果通常要反馈给被考核员工本人，使其了解企业对其工作的看法与评价。对于做得好的员工，要鼓励其继续发扬优点；对于做得不好的、工作中存在问题的员工，要督促其及时改正，以更好地改进工作方式。

（6）考核结果应用。

考核结果应与培训、薪酬、职务调整结合在一起，这样会产生一定的激励效果。

可见，绩效考核是建立在工作分析基础上的，通过工作分析，了解工作职责，设计出绩效考核指标，来对员工绩效进行考核。同时，绩效考核又为薪酬管理、员工的职务调整、培训等提供了依据，所以绩效考核在企业中的地位是不可忽视的。

人力资源工作常见问题清单

> **关键点提示**
>
> 绩效考核一般包括以下六个步骤：
> 1.确定考核内容；2.制订绩效考核标准；3.实施考核；4.考核结果的分析与评定；5.绩效考核结果反馈与改进；6.考核结果应用。

1.20 如何在工作分析基础上进行薪酬管理

> **工作场景描述**
> 当将工作分析结果应用于薪酬管理时，可查看。

解读与分析

工作分析的直接目的之一是为企业的薪酬设计提供客观依据，应用以工作分析为基础的绩效考核可以评定每一份工作的相对价值，并由此确定每一份工作的薪酬等级。

薪酬历来是一个复杂而敏感的话题，它绝不只是工资单上钱的数额问题，它代表了员工的身份、地位以及工作业绩，甚至个人能力、品行和发展前景。薪酬是员工从事工作获取的物质报酬，也是企业对员工进行激励的集中体现。为了激励员工积极、高效地工作，制订健全、合理的薪酬制度是人力资源管理的一项重大任务，因此需要一套完整的程序来保证其质量。

薪酬管理首先从制订薪酬战略开始。战略性的薪酬目标主要有：保持薪酬在劳动力市场上的竞争性；维持工资在员工之间的公平性；控制薪资预算；融合员工未来的工作绩效与企业目标。其次，通过工作分析，进一步对工作绩效进行考核，对企业内部的各工作岗位进行等级或量值的衡量，以确定企业中不同岗位间的薪酬结构。再次，要进行薪酬调查。大多数企业会通过正式或非正式的方式了解市场上的薪酬水平，特别是与本企业有关的劳动力市场价格或与本企业进行竞争的人才类型的市场劳动力价格，也会了解有关外部薪酬水平的信息。通过与市场同等劳动力价格的绝对值比较，企业会将工作岗位的相对价值用薪酬的绝对值表示，从而确定薪酬水平。最后，对薪酬结构中的特殊岗位进行薪酬调整，以维持薪酬的吸引力。

薪酬与福利都是激励员工积极性的重要手段。薪酬是一个企业对自己的员工付出劳动的一种直接回报，而福利可以说是薪酬的一部分，也可以认为是对薪酬的一种补充，是一种间接性的报酬。福利一般包括：给员工提供的带薪休假；医疗、安全等方面的保险；企业的各种文化娱乐活动；员工丧失劳动力后获得的物质等方面的补偿等。

关键点提示

薪酬管理的基本流程如下：
1.制订薪酬战略；2.工作分析；3.制订工作绩效考核标准；4.设计薪酬结构；5.薪酬调查；6.确定薪酬水平；7.薪酬评估与控制。

1.21 如何在工作分析基础上进行员工职业生涯规划

工作场景描述

当注重员工发展，防止人才流失时，可查看。

解读与分析

职业生涯指一个人一生中所有与工作相联系的行为与活动，以及相关的态度、价值观等连续经历的过程。

员工职业生涯规划即对员工职业生涯进行设计的过程，它是人力资源管理的一项活动，与工作分析、人力资源规划、招聘与选拔、绩效考核、培训等都有着密切的联系。

员工职业生涯规划应充分考虑人、环境、职业之间的关系。影响员工职业生涯规划的因素是多方面的，主要包括组织因素、工作因素和个人因素。

人力资源工作常见问题清单

1. 组织因素

组织因素包括企业的经营理念、企业文化、经营策略和产品服务等。每个企业的具体情况不同，各种不同的组织需求导致对员工的要求不同。这是一个互动的过程，它必然会对员工职业生涯规划产生影响。另外，员工的职业发展要得到企业高层管理者的支持，少了他们的支持，再好的职业生涯规划也无法取得应有的效果。

2. 工作因素

工作信息可以从职位说明书中获得，也可以从整个行业的发展趋势中获得。一个人所从事工作的特点、所在行业的性质，对其将来的发展必然会产生影响，也就是会影响到员工的职业生涯规划。

3. 个人因素

在人生不同的阶段，人们对职业的看法不同。这种变化有的来源于年龄的增长，有的来源于发展的机会。而且，在不同的职业发展阶段，个人的工作动机是不一样的：在职业发展的早期，主要是学会必要的知识和技能；在中期，主要是求得个人的发展；在晚期，主要是维持现状。

除了考虑以上因素以外，企业应结合员工需要，为其提供职业辅导以及其他帮助，以推动员工尽快实现职业发展的目标。在职业生涯规划中，企业、管理者和员工各自承担着不同的任务。企业结合其发展要求，通过对工作分析结果的利用，得出企业对人才的需求，然后结合员工的个人行动规划来指导员工对职业生涯进行有效的设计。具体来说，企业的作用如下。

（1）企业要给员工提供工作信息，包括有关工作的分析资料，以及组织开展绩效考评的信息。这些相关信息都是建立在对工作进行分析的基础之上的，对工作分析结果加以利用，可以很方便地获得有关工作的各种信息。

（2）企业要对员工进行职业指导，即与员工讨论其当前的工作情况和表现、个人职业目标、个人技能以及适合的职业发展过程等。企业要帮助员工进行实事求是的客观分析，指导其依据自己的情况、工作分析资料和企业需要，确定职业目标。

（3）企业要给员工设计发展道路。这要结合员工的自我评估和职业目标来综合考虑。不同的人可能面临着不同的发展道路，但是总的来说，企业要设计好这条道路，即职业阶梯,促使员工由低至高,一步一步实现职业目标。比如,对于财务人员,企业为其设计的职业阶梯是:财务分析员—主管会计—财务部主管—公司财务副总。

(4)企业要给员工提供学习和培训的机会,为其实现职业目标创造条件。

总之,职业生涯规划对于员工和企业都很重要。从员工的角度来看,每个人都有从工作中得到成长和发展的愿望和要求,为了实现这些愿望和要求,他们不断追求理想的职业,设计着自己的职业目标与职业生涯规划;从企业的角度来看,应重视员工职业发展,并要结合企业的需求和发展,通过必要的工作设计、培训等手段,帮助员工实现个人职业目标。

> **关键点提示**
>
> 在员工职业生涯规划方面,企业应在以下几方面帮助员工:
> 1.提供工作信息;2.进行职业指导;3.设计职业发展道路;4.提供学习和培训的机会。

1.22 如何对工作分析方法的使用进行评价

> **工作场景描述**
>
> 当需要测评工作分析方法用于实践的效果时,可查看。

解读与分析

前面已经谈到了,工作分析的方法有很多,而且都有自己的优、缺点和适用范围。在实施过程中,企业经常会将不同的工作分析方法组合起来使用。比如,在对生产类工作进行分析时,可综合运用工作日志法、访谈法和观察法来获取相关的工作信息,借助于这些方法进行工作分析,并将其结果应用于各个活动领域。经过实践检验后,究竟该从哪些方面出发来对所选用的工作分析方法进行评价呢?企业评价工作分析方法时,可考虑以下几方面。

1. 成本的可行性

企业使用不同的工作分析方法，会产生不同的成本，比如问卷调查法的成本较低，关键事件法的成本则较高。企业要将自己的实力与使用该工作分析方法所花费的成本相比，考虑能否获得较大的利益或价值。

2. 方法与目的的匹配性

方法与目的的匹配性即企业所选择的工作分析方法是否有利于工作分析目的的实现。

3. 方法的适用性

企业要考虑所选择的工作分析方法对于涉及的工作和任职者是否适用，比如问卷调查法比较适合分析较高层次的工作，因为它需要填写问卷的人有较强的阅读理解能力。

4. 方法的便利性

方法的便利性即企业使用该工作分析方法是否方便，是否有什么因素限制了它的使用等。

5. 时间上的考虑

工作分析不可能无时间限制地进行下去。企业要充分考虑时间方面的限制，即为工作分析开始实施到得到结果规定一个期限。除非有特殊情况，一般不要超出规定时间，以免影响后续工作的开展。

6. 信度与效度方面

这主要是指使用工作分析方法所获得的结果的一致性、该方法对工作职责的重要性以及对完成工作职责所需技术和能力的描述的准确性。

工作分析方法的使用直接影响工作分析的进程与质量，企业对于使用的方法一定要进行认真的评估，并加以改进，这对下一次的工作分析具有非常强的指导意义和非常大的参考价值。

关键点提示

评价工作分析方法时,企业可从以下几方面进行:

1.成本的可行性;2.方法与目的的匹配性;3.方法的适用性;4.方法的便利性;5.时间上的考虑;6.信度与效度方面。

第 2 章

工作评价常见问题

工作评价是对员工所做的各项工作在实现企业目标中价值大小的评价。依据工作评价的结果，企业可以清晰地了解员工的工作努力程度及工作业绩，进而确定员工工作报酬，构建薪酬结构，同时也为管理者开展甄选招聘、绩效考核、职位管理等工作提供了有益的参考。

实施工作评价，必须依据一定的方法，对员工的工作过程及结果进行客观、公正、全面的评价，对员工工作中的优点要给予表扬，不足之处要提出批评建议。通过奖优罚劣，企业可增强员工的责任心，鞭策员工不断改进工作，提高业绩，从而实现组织效能的最大化。

2.1 如何确定工作评价的步骤

工作场景描述
当对工作评价的实施步骤不明确时，可查看。

解读与分析

工作评价是指根据工作分析结果，按照一定的标准对工作职责、工作技能、工作强度及工作条件等方面进行综合评价的活动过程。

工作评价是对企业各类职位的相对价值进行比较、衡量的过程，通过工作评价，企业可得到各职位的相对价值比。

每个企业在开始进行工作评价之前，需要有准确的工作分析结果作为基础，同时选择合适的工作评价方案，在企业内进行多方面的沟通。具体来说，工作评价可按以下步骤进行。

1. 对职位说明书、职位规范的内容进行审核

工作评价的信息来源于工作内容以及工作对任职者的资格要求，因此，职位说明书及职位规范等提供的信息是工作评价的基础。如果职位说明书和职位规范的内容不完善、不准确，企业应及时进行修订，否则就会影响工作评价的真实性。

2. 组建工作评价委员会

工作评价委员会是企业中的一个临时机构，主要负责此次的工作评价。一般而言，工作评价委员会需要5~10名成员，其成员来源越广泛，越能提高员工对工作评价结果的认可度。由于并不是所有的成员都是人力资源方面的专家，因此企业需要对他们进行培训。培训的重点是：工作评价的方法，工作评价的流程，工作评价中关键因素的定义、描述与分级，工作评价中可能出现的问题和解决办法等。通过培训，工作评价人员可系统地掌握工作评价的基本理论，以及具体的实施方法。

3. 选择评价所需的基准职位

基准职位是指企业中工作职责及对任职者资格要求差异不大的一般性工作职位。尤其是在大型企业中，由于职位设置较多，因此企业不可能对所有的职位进行一一评价。正确的做法是，首先选择基准职位进行评价，然后通过与基准职位的价值进行对比而得出其他职位的价值。选择基准职位时要考虑企业的规模、职位设置等因素，一般选择10%~15%的职位即可。

4. 收集有关工作评价的各种信息

收集有关工作评价的各种信息，既包括工作职位过去的信息，也包括工作职位现在的信息。除此之外，企业还应设计一份收集工作评价所需信息的调查表格，由需要评价的职位的任职者、任职者直接主管对工作评价中所需的信息进行确认，以保证所使用信息的准确性。

5. 工作试评

在实施工作评价前，最好做一次工作试评，主要是出于两方面的考虑：一方面，通过试评让评价人员熟悉过程及相关工具的使用；另一方面，是为了发现问题，以便采取对策，及时改正，总结经验。

6. 工作正式评价

这时会全面实施工作评价活动，包括职位测定、资料整理汇总、数据处理分析等具体工作过程。这一阶段，企业要注意选取适合的方法，使每个评价人员对评价工具的使用和标准的掌握达到一致。

7. 撰写工作评价报告

评价人员最后需要撰写工作评价报告，对此次工作评价做全面的总结，并将其提供给有关部门。

以上是工作评价的步骤。评价人员在实际操作时，要结合所选用的方法具体对待。工作评价不仅能以量值表现出职位的特征，而且使性质相同、相近的职位有了统一的评判标准，为企业的职位归级奠定了基础。

> **关键点提示**
>
> 工作评价可按以下步骤进行：
> 1.对职位说明书、职业规范的内容进行审核；2.组建工作评价委员会；3.选择评价所需的基准职位；4.收集有关工作评价的各种信息；5.工作试评；6.工作正式评价；7.撰写工作评价报告。

2.2 如何确定工作评价指标

> **工作场景描述**
> 当需要选择相关指标来对工作进行评价时，可查看。

解读与分析

确定工作评价指标，就是将影响工作的诸要素指标化。任职者在工作中不可避免地要受到很多因素的影响，主要包括工作责任、工作技能、工作强度、工作环境及社会心理因素等，而工作评价的科学性在于按照这些主要影响因素，通过对工作进行具体的分析，将它们分解成若干个指标，使工作的具体内容定量化，从而具有可比性。

在工作评价中，一般将工作责任、工作技能、工作强度、工作环境及社会心理因素指标化。

1. 工作责任指标

工作责任指标反映任职者工作所承担的责任大小，主要反映任职者智力的付出和心理状态。它包含以下六个指标。

（1）质量责任，即评价任职者的工作活动对产品质量的影响程度。

（2）产量责任，即评价任职者的工作活动对产品产量的影响程度。

（3）看管责任，即评价工作所看管的设备对整个生产管理过程的影响程度。

（4）安全责任，即评价工作对整个生产管理过程安全的影响程度。

（5）消耗责任，即评价工作中的物资消耗对成本的影响程度。

（6）管理责任，即评价工作在指导、协调、分配等管理活动中的责任大小。

2. 工作技能指标

工作技能指标反映工作对任职者的资格、素质方面的要求，主要反映工作对任职者技能要求的程度。它包含以下五个指标。

（1）技术知识要求，即评价技术知识水平、文化水平和技术等级的要求。

（2）操作复杂程度，即评价操作的复杂程度及所用的时间长短。

（3）看管设备复杂程度，即评价使用设备的难易程度，以及任职者看管设备所需的经验水平。

（4）产品品种与质量要求的程度，即评价劳动者是否能够达到某产品线规格和质量等级所要求的能力水平。

（5）处理事故复杂程度。即评价任职者迅速处理事故所需具备的能力。

3. 工作强度指标

工作强度指标反映工作过程中各种相关因素对任职者身体的影响程度，主要反映任职者的体力消耗和紧张程度。它包含以下五个指标。

（1）体力劳动强度，即评价任职者体力消耗的程度。

（2）脑力劳动强度，即评价任职者脑力消耗的程度。

（3）工时利用率，即评价净工作时间的长短。

（4）劳动姿势，即评价主要工作姿势对身体疲劳的影响程度。

（5）劳动紧张程度，即评价任职者生理器官的紧张程度。

（6）工作班制，即评价工作的组织安排对任职者身体的影响。

4. 工作环境指标

工作环境指标主要反映工作环境中的有害因素对任职者健康的影响程度。它包含以下五个指标。

（1）高温危害程度，即评价工作场所的高温环境对任职者健康的影响程度。

（2）噪声危害程度，即评价工作场所的噪声对任职者健康的影响程度。

（3）粉尘危害程度，即评价工作场所的粉尘对任职者健康的影响程度。

（4）辐射危害程度，即评价工作场所的辐射对任职者健康的影响程度。

（5）其他有害因素危害程度，即评价工作场所的化学性、物理性等有害因素对任职者健康的影响程度。

5. 社会心理因素指标

社会心理因素指标主要反映任职者在社会中所处的地位及人与人之间的关系对其工作心理所产生的影响，主要采用一项指标，即人员流向指标进行评价。人员流向是指由于工作性质、地位等对任职者在社会心理方面产生的影响而形成的人员流动趋势。

关键点提示

工作评价的指标与以下几方面有关：
1.工作责任；2.工作技能；3.工作强度；4.工作环境；5.社会心理因素。

2.3 如何利用工作排序法进行工作评价

工作场景描述
当要对不同工作的相对价值进行工作评价时，可查看。

解读与分析

工作排序法是指根据不同工作的相对价值或它们对企业的贡献由高到低进行排序。工作排序法是一种非量化的工作评价方法，它简单方便，容易被理解和使用，对于结构稳定、简单的小企业比较有效。利用工作排序法对工作进行评价的步骤如下。

1. 选择工作评价主体

选择工作评价主体即选择工作评价者。一般来说，企业需要建立一个由管理人员组成的委员会来担当工作评价的主体，必要时可以聘请外部专家，以减少偏见，保证评价的客观性。为做出正确的排序，工作评价主体必须对每一份需要评价的工作的细节都了如指掌。

2. 选择工作评价客体

选择工作评价客体即选择参与排序的工作职位。这主要是针对职位较多的企业而言的。当职位较多时，企业不可能对所有的职位都进行排序，首先需要选择一些关键的职位作为基准职位，对它们进行排序，接着将其他职位与相似的基准职位进行比较，在此基础上做进一步的排序。

3. 获取与职位有关的信息

通过职位说明书，工作评价主体可获取有关工作目的、工作职责、工作关系以及任职者在企业中的地位等信息；通过职位规范，工作评价主体可详细了解该职位对任职者的要求，如教育背景、经验及专业知识水平等。在工作分析结果的基础上，对职位进行排序就比较客观。

4. 进行评价排序

主要有三种排序方法：①简单排序法，即按照工作职责的说明，根据排序标准从高到低进行排序；②交替排序法，即先从所需排序的职位中挑选出相对价值最高的排第一位，再选最低的排最后一位，然后在剩下的职位中重复以上操作，以此类推，得出排序结果；③成对比较法，即把所需排序的职位两两取出，比较出高低，最后对结果进行综合比较，得出全部工作职位的排序。最后，还需综合不同评价者的排序情况，对排序结果做进一步检查，同时对不合理的地方进行调整，最终得出排序结果。

工作评价中的排序与员工绩效考核中的排序在性质上很相似，唯一的区别是员工绩效考核中的排序关注的是员工的工作绩效，而工作评价排序的对象是工作本身。

关键点提示

利用工作排序法进行工作评价的主要步骤如下：

1.选择工作评价主体；2.选择工作评价客体；3.获取与职位有关的信息；4.进行评价排序。

2.4 如何利用工作分类法进行工作评价

> **工作场景描述**
> 当利用工作分类法进行工作评价时,可查看。

解读与分析

工作分类法好比是一个多层书架,每一层代表一个等级,最贵的书放在最上面的一层,最便宜的书放在最下面的一层。而每个职位就好像是一本书,企业的目标就是把这些书分配到书架的每一层,最后形成的就是不同价值的职位分布。

工作分类法是指制订一套职位级别标准,通过与标准进行比较,把职位归到每个级别中去。工作分类法是一种在需要对大量的职位进行评价,并且这些职位在内容、职责、技能要求与工作环境等方面差别较大的情况下非常实用的工作评价方法。它强调的是工作类别的差异,而不是单个工作的差异。工作分类法的操作步骤如下。

1. 收集职位相关资料

这点与工作排序法相似。在对工作进行分类之前,需要掌握大量相关信息,以便于划分职位等级。一般来说,所需的信息资料都可从工作分析的结果中获得。

2. 对职位进行分类

在收集到必要的职位和其他相关资料后,首先将这些职位划分为大类,形成几个职位族,接着将这些职位族进一步划分为职位系列,最后确定该工作分为几级。比如,"工程类"这一职位族可进一步划分为"机械工程部"和"文事工程部"两个职位系列,最后根据具体的工作分析文件,按一定标准分别对这两个职位系列进行等级排列。

3. 建立职位级别体系

这是工作分类中最关键的一步,即对以上所确定的等级进行说明与描述,以便于操作和有效区分不同的职位。要注意的是,对每一个等级的描述要根据一定的要素来进行,比如工作的复杂性和灵活性、工作责任、工作经验、所需要的创造力、接受监督的程度、人际关系的特点等。

4. 将工作归到合适的级别中去

在对工作进行分类，确定了职位等级，并建立了职位级别体系后，就可将企业内所有的工作划分到适当的等级中去。这主要是通过工作概要与职位等级描述的对比来完成的。

最后需要说明的是，工作分类法缺乏对各种职位进行整体评价的明确标准，所以不能完全以此来确定薪酬标准。

关键点提示

工作分类法的操作步骤如下：

1.收集职位相关资料；2.对职位进行分类；3.建立职位级别体系；4.将工作归到合适的级别中去。

2.5 如何利用因素比较法进行工作评价

工作场景描述

当需要精确反映各职位之间的相对价值关系时，可查看。

解读与分析

因素比较法是一种精确、系统、量化的工作评价方法。它实际上是对工作排序法的一种改进，不同的是，工作排序法是从整体的角度来对职位进行比较与排序的，而它侧重于按照多种因素分别对职位进行排序。因素比较法具体的实施步骤如下。

1. 认真进行工作分析

首先要对工作进行认真的分析，通过所得的结果来获取相关信息。在职位说明书中尤其要注意体现工作评价决定使用的指标，比如身体条件、心理要求、技能要求、工作职责与工作环境等。

2. 选择基准职位

在每一类工作中选择一些关键性的职位作为基准职位,这些基准职位应该是企业中普遍存在的、工作内容相对稳定且薪酬公平合理的职位。以这些基准职位的薪酬为对照,其他职位的薪酬水平依此调整和确定。

3. 选择共同的报酬因素

从基准职位中找出一系列共同的报酬因素,主要包括工作技能、脑力劳动强度、体力劳动强度、工作职责与工作条件五个因素。当然,在实际使用时,只需选择对企业最重要的一些因素,而不必过多选择。

4. 对各因素进行排序

对每个基准职位的影响因素加以比较,按重要程度进行排序。

5. 分配基准职位的工资总额

将每个基准职位的工资总额按所选的影响因素进行分解,分配到相对应的报酬因素上。

6. 确定工资水平

将企业中尚未评定的其他职位在每个报酬因素上分别与基准职位相比较,确定待评定职位每个因素对应的工资。将分布在各个因素上的工资相加汇总,即得到待评定职位的工资水平。

利用因素比较法所得的工作评价结果更加精确地反映了各职位之间的关系,但企业一定要慎重选择报酬因素,并应根据市场变动,及时调整基准职位的工资水平,以确保其结果的准确性。

关键点提示

因素比较法的实施步骤如下:

1.认真进行工作分析;2.选择基准职位;3.选择共同的报酬因素;4.对各因素进行排序;5.分配基准职位的工资总额;6.确定工资水平。

人力资源工作常见问题清单

2.6 如何利用要素计点法进行工作评价

> **工作场景描述**
> 当要利用要素计点法进行工作评价时,可查看。

解读与分析

要素计点法是指通过为各种工作评定分数,取得它们的相对价值,据此来确定工资等级的一种工作评价方法。

要素计点法是一种量化的工作评价方法,在国内外被广泛使用。它首先选取一些关键薪酬要素,赋予其一定的权重,并依此赋予其一定的点数,然后按照这些关键薪酬要素,对职位进行评价,得到每个职位的总点数,再根据所对应的职位级别来确定每个职位的薪酬水平。

为了弄清楚要素计点法的实施步骤,下面结合前面所讲到的工作评价指标,用一个实际的例子来说明。

(1)进行工作分析,得到工作分析结果。

(2)从工作分析结果中获取关键薪酬要素,并给这些要素设定一定的权重,然后以此为基础,设计一个结构化量表。比如,要建立一个总点数为500的结构化量表,其中包含工作技能、工作强度、工作责任、工作环境四个方面,设定的权重分别为工作技能——40%、200点,工作强度——15%、75点,工作责任——30%、150点,工作环境——15%、75点;接着在工作技能方面,选取四个关键薪酬要素——技术知识要求、操作复杂程度、看管设备复杂程度及处理事故复杂程度,同时设定这些要素的权重均为10%,即各自的最高点数都是50点。按照这种方法,工作技能、工作强度、工作责任和工作环境的关键薪酬要素权重及点数见下表。

关键薪酬要素结构化量表

评价指标	关键薪酬要素	权重	点数（总点数500）
工作技能（40%）	技术知识要求	10%	50
	操作复杂程度	10%	50
	看管设备复杂程度	10%	50
	处理事故复杂程度	10%	50
工作强度（15%）	脑力劳动强度	5%	25
	体力劳动强度	10%	50
工作责任（30%）	质量责任	10%	50
	产量责任	10%	50
	安全责任	5%	25
	管理责任	5%	25
工作环境（15%）	高温危害程度	10%	50
	其他有害因素危险程度	5%	25

（3）每个关键薪酬要素划分等级，计算出各个等级上的点数，见下表。如将"技术知识要求"这一要素划分为5级，采用等距离分布，则各个等级上的点数分别为10、20、30、40、50。当然也可以根据实际需要，采用不相等距离分布。其他要素等级点数依此方法获得。

关键薪酬要素等级表

关键薪酬要素	1级	2级	3级	4级	5级
技术知识要求（50）	10	20	30	40	50
操作复杂程度（50）	10	20	30	40	50
看管设备复杂程度（50）	10	20	30	40	50
处理事故复杂程度（50）	10	20	30	40	50
脑力劳动强度（25）	5	10	15	20	25
体力劳动强度（50）	10	20	30	40	50
质量责任（50）	10	20	30	40	50
产量责任（50）	10	20	30	40	50
安全责任（25）	5	10	15	20	25
管理责任（25）	5	10	15	20	25
高温危害程度（50）	10	20	30	40	50
其他有害因素危险程度（25）	5	10	15	20	25

（4）根据上表对需要评价的职位进行各个要素的计分，将其汇总，即得到待评价职位的总点数。

（5）根据所得的总点数，参照职位等级表，评定职位等级。

职位等级表

等级	点数	等级	点数
1	0～150	6	254～280
2	150～176	7	280～306
3	176～202	8	306～332
4	202～228	9	332～358
5	228～254	10	358～500

最后，通过查询相应的级别对应的工资，就可得出各个职位的工资水平。要素计点法比较复杂，但使用起来却是十分方便的。

值得一提的是，许多专业化的机构中都有自己设计好的要素计点式职位评价量表，并且有些已经被广泛使用。经过多年的修订，这种方法已经成为非常可靠、有效的职位评价方法。企业大可不必自己开发这样的职位评价工具，直接使用已有的职位评价量表即可。

关键点提示

企业使用要素计点法的步骤为：

1.进行工作分析；2.选取关键薪酬要素；3.划分关键薪酬要素等级；4.对需评价的职位进行计分；5.评定职位等级。

2.7 如何利用海氏工作评价系统进行工作评价

> **工作场景描述**
> 当对管理类或专业技术类工作进行评价时,可查看。

解读与分析

海氏工作评价系统是因素比较法与要素计点法的结合,特别适合对管理类和专业技术类工作进行评价。与要素计点法不同的是,海氏工作评价系统将一个要素分解成多个子要素,用2~3个子要素来共同说明,并且运用交叉表的形式表现要素等级之间的关系。

海氏工作评价系统是由美国薪酬设计专家艾德华·海于1951年开发出来的一套工作评价系统。海氏工作评价系统中使用的要素有三个,即技能技巧、问题解决和工作责任,每个要素又被分成若干子要素,见下表。

海氏工作评价系统中的要素

要素	要素解释	子要素	子要素解释
技能技巧	工作所需的专业知识和实际应用技能	专业知识、技能	相关科学知识、专业技能
		管理诀窍	计划、组织、执行、控制、评价的能力与技巧
		人际技巧	沟通、协调、激励、培训、关系处理等技巧
问题解决	在工作中发现问题、分析问题、提出对策	环境	任职者在什么样的思维环境中解决问题
		难度	解决问题的程度,对创造性的要求
工作责任	任职者的行动对最终结果可能造成的影响	行动的自由度	任职者自主行动的程度
		对结果的影响	对工作结果的影响是直接的还是间接的
		财务责任	财务上能决定的金额

另外,海氏工作评价系统提供了一套现成的表格工具,运用这套表格工具对职位进

行评价对企业也会有所帮助。

下面结合对"行政助理"职位的评价，介绍一下海氏工作评价系统的使用方法。

（1）通过其提供的"技能技巧评价交叉表"，对选定的职位进行技能技巧方面的评价，得到87分，见下表。

技能技巧评价交叉表

管理诀窍			基本的			相关的			多样的			广博的			全面的		
人际技巧			基本的	重要的	关键的	基本的	重要的	关键的	基本的	重要的	关键的	基本的	重要的	关键的	基本的	重要的	关键的
专业知识、技能	基本的																
	初级业务的				87												
	基本专业技术																
	熟练专业技术																
	精通专业技术																
	权威专业技术																

（2）按同样的方法，参照提供的"问题解决评价交叉表"及"工作责任评价交叉表"分别对该职位进行评价，得到的分数分别为22分、57分。

（3）汇总三项分数，得到总分为166分。

可以看出，海氏工作评价系统所依据的要素是预先确定的，对各个职位的评价比较详细、具体、客观。掌握了其使用方法，其可以很好地为工作评价服务。

关键点提示

海氏工作评价系统主要包括以下几方面内容：

1.技能技巧评价；2.问题解决评价；3.工作责任评价。

2.8 如何才能做好对工作本身的评价

工作场景描述
当需要保证工作评价取得成效时，可查看。

解读与分析

工作评价是工作分析的后续工作，其目的在于判定每项工作的相对价值，为不同职位确定薪酬水平提供客观的依据。工作评价技术性较强，会涉及许多专业知识，涉及很多部门。为保证企业各项工作的顺利开展，增强工作评价的科学性、合理性和可靠性，企业在进行工作评价时需要注意以下几点。

（1）工作评价必须以准确的工作分析结果为前提。在进行工作评价前，企业需要收集相关工作信息，这是必要并且重要的环节。所需的大部分工作信息都可从职位说明书和职位规范中获取。

（2）选择合适的工作评价方法。前面介绍了五种方法：工作排序法、工作分类法、因素比较法、要素计点法和海氏工作评价系统法。企业进行方法选择时，要考虑工作性质、工作复杂程度、评价速度及准确性等。下表表示出了各种方法的适用情况，企业在选择评价方法时可参考使用。

工作评价方法运用情况表

评价方法	定性评价	定量评价	适用情况
工作排序法	√		结构稳定、简单的小企业
工作分类法	√		职位较多，工作职责、内容、技能与环境差别较大的情况
因素比较法		√	侧重于研究多种因素对工作产生的影响时
要素计点法		√	侧重于研究各种因素在多大程度上影响工作时
海氏工作评价系统法		√	管理类和专业技术类的职位

人力资源工作常见问题清单

（3）慎重选择基准职位。基准职位被用作评价其他职位的参照物，一般情况下，基准职位应能代表所有待评价的职位，并且广为人知，易于界定，依其进行工作评价后最终能使员工获得相对公平的薪酬。

（4）选择关键影响因素。工作评价必须从目前企业生产和管理的实际情况出发，选择需要的、具有代表性的关键影响因素，这样做能加强工作评价的操作性，也能增强工作评价应用价值的准确性。

（5）给予员工参与的机会。企业应当尽可能多地给予员工参与工作评价的机会，向所有员工传递有关工作评价目标和步骤的适当信息，争取获得他们最大的理解与支持。

关键点提示

为了做好工作评价，企业需要注意：

1.以准确的工作分析结果为前提；2.选择合适的工作评价方法；3.慎重选择基准职位；4.选择关键影响因素；5.给予员工参与的机会。

第3章

招聘工作
常见问题

招聘是获取人力资源的重要环节,在这个过程中,企业需要制订合理的人员招聘计划,明确招聘时间和地点,协调处理各部门的工作。招聘人员以挑选出合适的人才为最终工作目标来开展企业的招聘工作。

3.1 如何进行人力资源需求预测

> **工作场景描述**
> 当要明确人力资源需求预测的具体内容时,可查看。

解读与分析

人力资源需求预测是人力资源规划工作的核心内容,也是进行员工甄选、聘用的前提条件。管理者进行人力资源需求预测时通常要经过以下步骤。

1. 预测现实人力资源需求情况

(1)根据工作分析的结果,确定职位和人员的配置。

(2)进行人力资源统计,统计出人员的缺编、超编情况及是否符合职位资格要求。

(3)将上述统计结论与直接管理者进行讨论,修正统计结果。

2. 预测未来人力资源流失情况

(1)对预测期内退休的人员数量进行统计。

(2)根据历史数据,对未来可能发生的离职情况进行预测。

(3)对预测期内退休与离职情况的统计和预测结果进行汇总,得出未来人力资源流失的预测总结果。

3. 预测未来人力资源需求情况

(1)根据企业发展规划,确定需增减的部门和其他部门的工作量。

(2)根据工作量的增长情况,确定各部门还需增加的工作岗位及人数,并进行汇总统计。该统计结果即未来的人力资源需求。

4. 预测企业整体人力资源需求情况

将现实人力资源需求、未来人力资源流失和未来人力资源需求情况进行汇总,得出企业整体人力资源需求。

进行人力资源需求预测时一定要做好上述工作，这样才能增强预测结果的可靠性。

关键点提示

人力资源需求预测的内容包括：

1.预测现实人力资源需求情况；2.预测未来人力资源流失情况；3.预测未来人力资源需求情况；4.预测企业整体人力资源需求情况。

3.2 如何使用人力资源需求预测方法

工作场景描述

当要利用各种人力资源需求预测方法进行人力资源需求预测时，可查看。

 解读与分析

要做好员工甄选、聘用的准备工作，企业就必须进行人力资源需求预测，以确定员工甄选聘用工作的目标。企业进行人力资源需求预测时，可以充分利用以下方法。

1. 专家评估法

专家评估法是一种定性预测方法，但具有较高的准确度。其具体操作如下。

（1）预测准备。

①确定预测的课题及各个预测项目。

②设立负责预测工作的临时机构。

③在组织内部和外部，广泛邀请研究人力资源问题的专家成立一个小组。

（2）专家预测。

①负责预测工作的临时机构把有关预测项目的预测表及背景材料寄给各位专家。

②要求专家对各自所在领域内将发生什么情况，以及何时发生等问题做出预测。

（3）收集反馈。

①收集各专家的预测结果。

②对各专家意见进行统计分析，综合得出第一次预测结果。

③把预测结果反馈给小组成员，如此反复进行3~5次预测，直至专家意见趋于一致。

2. 比率分析法

比率分析法是人力资源需求预测的常用方法，它利用员工数量与一些已知要素的固定比例关系进行需求预测，操作比较简单。其具体操作步骤如下。

（1）确定原因性因素。相关人员根据平时的管理经验或部门负责人提供的信息，通过预测找到与员工需求量成固定比例关系的原因性因素，保持这两者的比例关系，从而保证组织效率稳定、合理，如销售人员数量对应销售额。

（2）确定预测目标数量。建立选定的原因性因素同员工需求数量间的比例关系。当两者之间的比例关系较明显、单一时，直接计算即可；如果两者之间的比例关系复杂，则应建立合理的比例关系预测模型。以上面两种情况为依据，对所要预测的比例关系进行预测。

（3）及时调整比率。比率分析法一般用于一定时期内职位状况没有发生本质变化的情况。如果职位性质或关系发生了变化，应该及时调整比率，以保证预测准确。比率分析法在中小企业中比较常用。

3. 回归分析法

回归分析法是利用数学回归原理建立变量间的函数模型，根据过去企业各个部门员工数量的变动趋势推测未来人力资源需求状况的预测方法，具体操作过程如下。

（1）根据部门负责人的工作经验或过去该部门的人员变动统计信息，确定与组织中劳动力的数量和构成关系最大的一种或几种因素，如服务业务量和产量。

（2）研究过去组织中的员工人数随着这种因素变化而变化的规律，得到业务规模的变化趋势和劳动生产率的变化趋势，分析二者之间是否存在相关性。

（3）根据前面得到的信息，建立回归分析方程，根据变化趋势确定未来人力资源需求量。

在很多情况下，人力资源的需求数量并不是由一个简单的因素决定的，而是由多个主要因素共同决定的。人力资源数量（因变量）y 和影响人力资源数量的因素（自变量）$x_1, x_2, x_3, \cdots, x_n$ 的关系近似于 $y=a_0+a_1x_1+a_2x_2+\cdots+a_nx_n$。

以上三种方法是进行人力资源需求预测的基本方法，管理者要认真掌握，并在实际工作中充分运用。

关键点提示

企业进行人力资源需求预测时，应该掌握：

1.专家评估法；2.比率分析法；3.回归分析法。

3.3 如何进行人力资源供给预测

工作场景描述

当要确定是否有足够的合格人员满足工作需求时，可查看。

解读与分析

人力资源供给预测是企业为满足未来一段时间内的人力资源需求，对企业可以获得的人力资源情况进行的预测。人力资源供给预测应包括以下内容。

1. **分析影响企业内部人力资源供给的因素**

（1）对企业现有的人力资源状况进行统计，了解企业现有员工的数量和配置。

（2）分析企业的职位调整政策和历年员工调整数据，统计出员工调整的比例。

（3）向各部门的人事决策者了解可能出现的人事调整情况，例如人员的自然流失（伤残、死亡、离职、解聘、退休）和内部流失（降职、升迁）等。

（4）将企业员工调整的比例及各部门人事调整的情况汇总，得出企业内部人力资源供给预测。

2. 分析影响企业外部人力资源供给的因素

（1）分析影响企业外部人力资源供给的地域性因素。

①企业所在地的人力资源整体现状。

②企业所在地的有效人力资源供求现状。

③企业所在地对人才的吸引程度。

④企业薪酬福利对企业所在地人才的吸引程度。

⑤企业品牌对人才的吸引程度。

（2）分析影响企业外部人力资源供给的全国性因素。

①全国相关专业的大学生毕业人数及流向。

②国家在就业方面的法规和政策。

③全国范围内该行业的人才供需状况。

④全国范围内从业人员的薪酬水平和差异。

（3）企业外部人力资源供给预测。

根据地域人力资源与全国人力资源供给状况分析，得出企业外部人力资源供给预测结果。

3. 人力资源供给预测汇总

汇总企业内部人力资源供给预测结果和企业外部人力资源供给预测结果，得出企业人力资源供给预测结果。

总之，企业内部人力资源供给是企业人力资源供给的重要组成部分。企业未来的人力资源需求，应优先考虑用内部人力资源满足。同时，企业人员因各种主观或自然原因离开工作岗位是不可避免的，这需要企业不断从外部补充人员。只有综合考虑各个方面的供给因素，企业才能得到准确的人力资源供给数量。

关键点提示

企业进行人力资源供给预测时，要：

1.分析影响企业内部人力资源供给的因素；2.分析影响企业外部人力资源供给的因素；3.人力资源供给预测汇总。

3.4 如何使用人力资源供给预测方法

> **工作场景描述**
> 当要了解如何使用人力资源供给预测的具体方法时,可查看。

解读与分析

要保证人力资源供给预测结果的准确性,方法的选择十分重要,企业应根据自身情况灵活使用预测方法。

1. 内部人力资源供给预测的方法

(1)运用现状核查法。对职位进行分类,划分其级别,然后确定每一职位、每一级别的人数,经数据统计后掌握企业现有人力资源情况,为人力资源决策提供依据。

(2)建立人力资源档案。从员工进入企业开始,就应该建立内部的人力资源档案。预测未来需求的第一步就是评估现有人才,将其与职位需要的技能进行对比,由此提供未来的职位需求信息。人力资源档案内容应涉及每个员工的技能、学历、潜力、资格、智力和培训信息,使管理者可以随时了解这些信息,从而为晋升决策的制订提供帮助。

(3)完善人力接替计划。

①根据工作分析的信息明确工作岗位对员工的具体要求。

②确定有资格的候选人人数。

③分析各个候选人的条件,确定接替的先后顺序。

2. 外部人力资源供给预测的方法

(1)查阅现有资料。这是了解人才市场信息的一个好办法。国家和地方的统计部门、人事和劳动部门都会定期发布一些统计数据。统计数据中最主要的是企业所在行业的经济增长情况,如果预计该行业经济增长率增高,那么其他相关企业对相关人力资源的需求也将增加,本企业的相关人力资源供给将减少。

（2）直接调查有关信息。企业可以就所关注的人力资源状况进行调查。对高校毕业生状况进行调查就是一种比较有效的方法。企业可以与几所关键院校保持长期合作关系，密切跟踪毕业生情况，及时了解可能为企业提供目标人才的情况。

（3）了解企业所在地和企业自身对人才的吸引程度。

①企业所在地的地域文化对各类人才是否具有包容性？居住环境如何？

②企业提供的薪酬福利和员工发展前景是对人才的吸引程度重要的影响因素。

一般来说，企业对内、外部人力资源供给情况都进行预测，会取得较好的效果。

关键点提示

1. 内部人力资源供给预测方法有：

（1）现状核查法；（2）建立人力资源档案；（3）完善人力接替计划。

2. 外部人力资源供给预测方法有：

（1）查阅现有资料；（2）直接调查有关信息；（3）了解企业所在地和企业自身对人才的吸引程度。

3.5 如何分析招聘需求

工作场景描述

当用人部门提出招聘需求，要对招聘需求进行分析、识别时，可查看。

解读与分析

当用人部门提出招聘需求时，管理者首先需要对招聘需求进行分析和判断，看这一需求是否必须通过招聘来解决；即使需招聘，看是否一定要招聘正式员工。在以下情况下，仍无法保质、保量完成企业正常工作任务时，可以考虑进行招聘。

人力资源工作常见问题清单

1. 现有人员适当加班仍不能解决问题

在企业中，常常出现工作任务繁重的问题。在这种情况下，如果现有人员适当加班还不能解决问题，那么就需要考虑招聘新员工了。当然，企业需要注意的是，有些工作任务是阶段性的，如果招聘了正式员工，阶段性任务完成后，就可能会出现冗员。

2. 已经无法调配其他部门的人员

甲部门人员不够，很可能乙部门有富余的人员，而这些人员恰好可以满足甲部门的人员需求。如果无法调配其他部门的人员满足所需，则应该招聘新员工。

3. 工作设计合理，但人手不足

有时人手不足的现象可能是由工作流程不合理或者工作分配不合理产生的，如果能够对工作进行重新设计，人手不足的问题可能就会迎刃而解。如工作设计合理，但人手依然不足，就应该考虑招聘新员工。

4. 无法将某些工作外包

有些非核心性的工作任务完全可以外包给其他机构来完成，这样管理者就可以免去招聘人员的麻烦，也减轻了管理的负担。如果企业不允许将工作外包，那么就应该招聘新员工。

在各部门提出招聘需求时，管理者应分析其必要性，再做出决定。

关键点提示

企业在分析招聘需求时，需要考虑以下几点：

1.是否可通过适当加班解决问题；2.是否可以调配其他部门人员；3.工作设计是否合理；4.企业工作是否可以外包。

3.6 如何设计人员招聘计划

> **工作场景描述**
> 当要详细设计人员招聘计划时，可查看。

解读与分析

合理的人员招聘计划能为人员甄选工作提供客观依据、科学规范和有效方法，一个完整的人员招聘计划需包括以下内容。

1. 人员需求清单

其包括招聘的职务名称、人数、任职资格等内容，相关人员可根据职位说明书进行确定。

2. 招聘信息发布的时间和渠道

招聘人员要确定在什么时间、通过什么方式发布招聘信息，以获取最好的效果。一般来说，企业会选用内部职位公告、招聘广告等方式来发布招聘信息。内部职位公告是一种内部信息发布渠道，主要面向企业内部员工，这种方式针对性强，信息反馈速度快，花费较少，但只适用于少量员工的选聘；以招聘广告为主的外部信息发布渠道覆盖面广，能吸引大量的人才，但成本较高，所需时间较长，而且不同的广告媒介各有优势和不足。下面具体比较一下各种广告媒介的优、缺点。

（1）网络平台广告。

优点：不受时间、空间的限制，灵活，快捷，成本不高。

缺点：没有在网络平台上查找工作的潜在候选人可能会看不到职位信息。

适用条件：适用于有机会使用电脑和网络的人群，对于急需招聘的职位和长期招聘的职位都适合。

（2）报纸。

优点：标题短小精悍，可灵活选择内容，栏目分类编排，便于求职者查找；发行集中于某一特定的地域。

缺点：集中的招聘广告容易导致竞争的出现，发行对象无特定性。

适用条件：招聘范围限定在某一地区或可能的求职者大量集中于某一地区，有大量的求职者翻看报纸，并且希望被聘用时。

（3）杂志。

优点：专业杂志会到达特定的职业群体手中；广告大小富有灵活性；广告的印刷质量较高；时限较长，杂志的特点，决定了读者有效阅读时间相对较长。

缺点：发行的地域太广，故希望将招聘限定在某一特定区域时通常不能使用；广告的预约期较长。

适用条件：所招聘的员工为专业人才时，对时间和地域要求不高或与正在进行的其他招聘计划有关联时。

（4）电视。

优点：可以将求职者的来源限定在某一特定地域，比平面广告更能有效地渲染气氛，可以更好地让那些不是很主动的求职者了解到招聘信息，因广告集中而引起招聘竞争的情况较少。

缺点：缺乏持久性；需要不断地重复播出招聘广告才能给求职者留下较深的印象；商业设计和制作不仅耗时，而且成本很高；缺乏特定的目标对象；为无用的广告接收者付费。

适用条件：当职位空缺有许多种，而在某一特定地区又有足够多的求职者的时候和需要迅速扩大影响力的时候；当在几周或更短的时间内要对某一地区展开集中、快速信息发布的时候。

3. 招聘小组成员

内容包括小组成员姓名、职务、各自的职责。招聘小组的人员结构要合理，一般包括人力资源部人员、本部门主管或专业技术人员，必要时可要求高级管理人员参加。

4. 应聘者的考核方案

内容包括考核的场所、考核的大体时间、笔试试题内容、面试内容等，为筛选、评价应聘者做好准备。

5. 招聘的截止日期

截止日期一定要明确，使企业不致在招聘结束后很长一段时间内还收到大量应聘材料。

6. 新员工的上岗时间

企业、各部门要在此之前做出迎接新员工的具体工作安排。

7. 招聘费用预算

其包括资料费、广告费、人才交流会费用等。

8. 招聘工作时间表

时间表应该尽可能详细，以便他人配合。

9. 招聘广告样稿

招聘广告内容要完整、合法、表述清楚。

关键点提示

人员招聘计划的内容是：

1.人员需求清单；2.招聘信息发布的时间和渠道；3.招聘小组成员；4应聘者的考核方案；5.招聘的截止日期；6.新员工的上岗时间；7.招聘费用预算；8.招聘工作时间表；9.招聘广告样稿。

3.7 如何确定招聘小组成员

工作场景描述

当要组建招聘小组但无法确定人员安排时，可查看。

解读与分析

招聘小组的人员构成是否合理，职能划分是否清晰，有无魅力和感染力，直接关系到企业能否吸引到优秀人才。企业在确定小组成员时要考虑以下人员。

1. 直属部门经理（或主管）和高级技术人员

由他们提出企业所需人员数量和类型、相关职位说明书，并由他们最后做出录用决策，必要时高层管理人员也要参与其中。

2. 人力资源部负责人

人力资源部负责制订招聘计划，开展招聘活动，如发布招聘信息、选择招聘途径等。负责人收到应聘者材料后，进行初步筛选，然后推荐候选人给部门直属主管。

3. 其他辅助人员

（1）具备丰富的专业知识、心理学知识和社会经验的专业人员。

（2）本部门工作积极的优秀人员。

招聘小组的组建一般由人力资源管理人员牵头，人力资源管理人员负责招聘的一般工作，而直属部门经理（或主管）在提出具体招聘需求和确定最后人选时参与招聘活动。专家等辅助人员数量一般较少，企业可视具体情况确定所需数量。

人员搭配合理的招聘小组能使招聘工作紧密、协调，顺利进行。企业在组建招聘小组时一定要合理安排人员，明确小组成员各自的职责，这样才可能使招聘小组成员协调工作，顺利开展招聘活动。

关键点提示

企业确定招聘小组成员时可以考虑：

1.直属部门经理（或主管）和高级技术人员；2.人力资源部负责人；3.其他辅助人员。

3.8 如何划分人力资源部和直属部门经理的职责

工作场景描述

当要分配人力资源部和直属部门经理的工作时，可查看。

解读与分析

直属部门经理是员工甄选工作的直接承担者,而人力资源部担负着制订招聘政策、选择招聘方法的责任,所以应对这两者的职责进行清晰划分,使整个甄选聘用工作协调、有序地进行。

1. 确定人力资源部在招聘中的工作

(1) 帮助用人部门判断招聘的必要性。

(2) 指导用人部门撰写工作描述和工作规范,制订职位说明书。

(3) 制订人员招聘计划,确定招聘地点、招聘时间、招聘方法等相关内容。

(4) 组织招聘人员,开展招聘活动,收集应聘者投递的简历和应聘材料,并与潜在的候选人联络。

(5) 设计人员选拔评价方法,并指导直属部门经理使用。

(6) 主持实施评价程序,将通过初步筛选的合格候选人推荐给直属部门经理。

2. 明确直属部门经理的主要工作

(1) 对空缺职位的工作职责做出详细说明,协助人力资源部开展工作。

(2) 提出所在部门对录用人员的具体要求和实际需求数量,协助人力资源部开展工作。

(3) 对职位候选人的专业或技术水平进行进一步的判断,最后做出录用决策。

人力资源部和直属部门经理是员工甄选工作的重要实施者,企业应该合理地划分两者的具体职责,保证员工甄选工作的质量。

> **关键点提示**
>
> 1. 人力资源部工作要点包括：
>
> （1）指导用人部门撰写职位说明书；（2）制订招聘计划；（3）开展招聘活动；（4）主持实施评价程序。
>
> 2. 直属部门经理工作要点包括：
>
> （1）详细说明工作职责；（2）提出人员具体要求和数量；（3）做出录用决策。

3.9 如何确定招聘覆盖的地理范围

> **工作场景描述**
>
> 当要明确招聘覆盖的地理范围时，可查看。

解读与分析

既能节省成本，又能招聘到合适的人才，是企业招聘员工时的目标，所以企业应该将招聘活动锁定在最能够产生效果的地理范围内。企业在确定招聘覆盖的地理范围时要掌握以下内容。

1. 明确按地理范围划分的招聘形式

按地理范围，招聘形式分为以下三种。

（1）全世界、全国范围内招聘。

（2）跨地区招聘。这种形式就是企业跨地区，如在全省范围内乃至附近几省范围内招聘人才。例如，上海的企业可在华东六省的范围内进行招聘。

（3）本地区招聘。这种形式就是企业在本市、县范围内进行招聘。

2. 确定招聘覆盖地理范围的标准

（1）岗位特点。空缺岗位的性质和特点是影响招聘覆盖地理范围的重要因素。

①企业所需的高级管理人员或专家、教授可以在全世界、全国范围内招聘。这类人员的数量十分有限，而且对企业至关重要，所以在大范围内招聘是很有必要的。

②中级管理人员和专业技术人员适合采用跨地区招聘形式。现在我国已有许多跨地区的专业人才交流机构，在这个地理范围内招聘此类人才较为合适。

③普通工作人员在本地区招聘即可，此类人员供给量较大，而且对其条件要求并不高，在本地区招聘完全可以满足企业需求。

（2）成本。成本也是企业在确定招聘覆盖地理范围时要重点考虑的问题。招聘覆盖地理范围越大，则花费的成本越高，企业应根据录用人员对企业的贡献大小来选择招聘覆盖地理范围。高层管理人员对企业贡献很大，则企业需要花费较高的招聘成本，一般人员则不需要花费太高的成本去招聘。

（3）企业规模。有些企业规模很大，在全国、全省都有分支机构，该类企业在较大范围内招聘人员的可能性就很大。

（4）企业影响力。企业的影响力越大，越有可能在较大范围内招聘人才。而且企业的影响力越大，就会吸引越多的应聘者关注该企业，企业不用花费太大成本，也能在较大范围内招聘到优秀人才。

企业在确定招聘覆盖的地理范围时，既要考虑能否招聘到合适人员，又要考虑所花费的成本大小。

关键点提示

1. 招聘覆盖的地理范围包括：

（1）全世界、全国范围；（2）跨地区范围；（3）本地区范围。

2. 招聘覆盖地理范围的选择标准包括：

（1）岗位特点；（2）成本；（3）企业规模；（4）企业影响力。

3.10 如何安排招聘时间

> **工作场景描述**
> 当要通过招聘时间的安排来增强招聘效果时，可查看。

安排招聘时间是人员甄选工作的重要一环，企业合理地安排招聘时间，能够减少由职位空缺带来的损失。具体做法如下。

1. 找准招聘机会

一般说来，企业最好在人才供应高峰期进行人才引进。从实践来看，人才的供应数量变化是具有一定规律的。通常，每年的11、12月份是社会人才供应的高峰期；每年的3、4月份和6、7月份是学校人才供应的高峰期。按照成本最小化的原则，企业应避开人才供应的低潮期，在人才供应的高峰期进行招聘，这样做可使招聘的效率达到最高。

2. 计划好招聘时间

从招聘到新员工上岗是需要时间的，而且因职位不同，所需时间的长短也不同。一般来说，企业要根据本企业的招聘流程确定招聘时间。招聘通常包括以下几个步骤。

（1）收集个人应聘材料。应聘者投递应聘材料的途径不同，花费的时间不同（E-mail速度最快），企业可根据实际接收方式进行时间估算。

（2）筛选个人应聘材料。企业在收到应聘材料以后要进行初次筛选，将明显不符合要求的剔除，然后通知初选合格的应聘者参加下阶段的测试。企业可根据应聘材料数量估算筛选所需时间。

（3）测试应聘者。企业可能会采用笔试、面试或其他测试方式对应聘者进行考核。在这一环节，企业可根据考核的方式和性质确定测试所需时间。

（4）录用决策。企业要对应聘者的考核结果进行综合评价，根据人力资源部和直属部门经理的评估结果，做出最后的聘用决定。这一环节所需的时间可根据人力资源部和直属部门经理的工作安排来确定。

（5）上岗准备。聘用人员报到、上岗及企业的各项工作安排准备都需要时间，企业在安排招聘时间时都要予以考虑。

一般来说，若想保证新员工准时上岗，企业在招聘计划中应该对招聘时间进行严格规划。常用的招聘时间的计算公式为：

$$招聘时间 = 用人时间 - 准备周期 = 用人时间 - 培训周期 - 招聘周期$$

上述公式中，培训周期是指对新员工进行上岗培训所花费的时间；招聘周期是指从应聘者开始报名，确定候选人名单，面试，直到最后录用所花费的时间。

确定合理的招聘时间可以在较短的时间内获取较多的人才供给，为企业挑选到合适的人才做好时间上的准备。

关键点提示

若想安排好招聘时间，企业需要：
1. 找准招聘机会；2. 计划好招聘时间。

3.11 如何合理选择招聘会

工作场景描述

当要选择符合企业招聘需求的招聘会时，可查看。

解读与分析

招聘会基本上分为两大类：一类是专场招聘会，即只有一类应聘人员参与的招聘会、面向特定群体举办的招聘会，如程序员招聘会、校园招聘会等；一类是非专场招聘会，即由某些人才中介机构组织多家、多类企业参加的招聘会，通常是成百上千家企业参加的大型招聘会。

人才招聘会是一种传统的招聘方式，是很多企业都会选用的招聘方式之一，选择适合的招聘会是企业招聘到理想人才的首要因素。招聘人员在选择时应做好以下工作。

1. 了解招聘会面向的对象

不同的招聘会面向的对象并不相同，因此，招聘人员应了解招聘会面向的对象是哪类人群，判断到招聘会上申请职位的人是否为企业的招聘对象，否则可能花费了时间和金钱，却招不到合适的人选。

2. 了解招聘会的档次

招聘人员需要收集一些有关招聘会的信息，例如，招聘会的规模有多大，都有哪些企业参加，组织者的影响力，场地在哪里，等等。如果参加招聘会的企业与本企业的档次有很大差异，那么最好不要参加这场招聘会，否则可能招不到合适的候选人。也就是说，如果参加招聘会的企业档次不够高，那么就很难吸引来高素质的人才。

3. 其他事项

招聘人员还应该注意此场招聘会是否在媒体上做了宣传，是否有跟这场招聘会时间相冲突的其他招聘会，企业的竞争对手是否也参加了这场招聘会等。招聘人员应根据这些情况及时做出反应。

总之，招聘人员要根据企业的具体情况，选择合适的招聘会进行人员招聘。

关键点提示

合理选择招聘会时应该：

1.了解招聘会面向的对象；2.了解招聘会的档次。

3.12 如何做好参加招聘会的准备工作

> **工作场景描述**
> 当要明确参加一场招聘会前应该做好哪些工作时,可查看。

解读与分析

很多企业在招聘会中收获甚微的原因主要是事前没有做好充分的准备,因此,如果招聘人员决定参加某一场招聘会,就必须做好以下准备工作。

1. 准备一个有吸引力的展位

在招聘会现场设立一个与众不同的展位,可以吸引更多的求职者。如果有条件的话,可以争取一个尽量好的位置。在制作展台方面,最好请专业公司帮助设计,并且要留出富余的时间,以便对设计不满意的地方进行修改。在展台上可以利用多媒体设备放映企业的宣传资料,在展位的一角可以设计一个相对安静的区域,招聘人员可以和一些有必要进行详细交谈的求职者在那里交谈。

2. 准备好会上所用的资料

在招聘会上,通常可以发放一些宣传资料和登记表格。这些宣传资料和登记表格需要事先印制好,而且参会时要注意备足数量,以免不能满足求职者的需求。如果能够准备一些小纪念品,则会对求职者产生更大的吸引力。

3. 加强与协作方的沟通联系

在招聘会举行之前,企业一定要与有关的协作方进行沟通。这些协作方包括招聘会的组织者、后勤事务单位、学校的负责部门等。在沟通中,一方面,要了解协作方对招聘会的要求,另一方面,要提出需要协作方提供帮助的事项,以便提早做好准备。招聘人员在与协作方沟通时,要注意方式,与其建立良好的合作关系,这样在正式参加招聘会时会减少许多困难。

4. 准备好相关的设施

有时在招聘会现场需要用到电脑、投影仪、电视机等设备，这些都应该事先准备好。并且，要注意现场是否有合适的电源设备，其他特定的设施也要在会前一一准备好，避免使用时手忙脚乱，耽误时间。

在展位上可以布置大幅彩色介绍板，把企业性质、规模、地理位置展示清楚，这样可以避免不接受这些条件的求职者做无效的应聘工作，保证有较多的时间接待对企业有兴趣的求职者。对招聘职位的要求应详细、具体，这样做除了可以减少不符合条件的求职者前来应聘，浪费双方的时间，还可以显示出企业招聘的认真程度。

5. 招聘人员方面的准备

参加招聘会的人员应该充分做好准备工作，具体包括以下内容。

（1）要对求职者可能会问到的问题了如指掌，对答如流。求职者常常会提出关于企业、职位、待遇等方面的问题。参加招聘会的人员要事先演练好这些问题的回答方式，并且在回答问题时口径要一致。

（2）事先确定好参加招聘会的人员，最好要有人力资源部的人员，也要有用人部门的人员。人数要适中，事先做好分工，确定好工作流程，保证招聘工作衔接紧密。

（3）招聘人员在招聘会上要着正装，服饰要整洁大方。

常言说："有备无患。"做好招聘会的准备工作，能大大提高企业招聘的效率。

关键点提示

招聘人员参加招聘会前应该做到以下几点：

1.准备一个有吸引力的展位；2.准备好会上所用的资料；3.加强与协作方的沟通联系；4.准备好相关的设施；5.招聘人员方面的准备。

3.13 如何规范招聘人员行为

> **工作场景描述**
> 当要制订参加招聘会工作人员的行为标准，保证招聘顺利进行时，可查看。

解读与分析

参加招聘会工作人员的言谈举止对能否吸引来高素质人才有相当大的影响，如果他们的行为不规范，就会招聘不到高素质的求职者。在招聘会上，企业招聘人员代表的是企业形象，体现着企业的风范与层次，他们的行为表现直接影响招聘效果。工作人员在招聘会上应做到以下几点。

（1）招聘人员要及时进入会场，将一切布置妥当，迎接应聘者入场。如果应聘者已经大量入场了，招聘人员才手忙脚乱地布置展位，那么就会有损企业的形象。

（2）展台前面应无障碍物，要把展台充分展现在应聘者面前。

（3）招聘人员要时刻保持良好的精神风貌，站姿、坐姿要端正，不要有东倒西歪的情况出现。如果感觉疲劳，应出去短暂休息。

（4）不要在展位里交头接耳。一来，应聘者可能不想打断这样的谈话；二来，这会让应聘者感到招聘者的工作责任感和敬业精神较差。招聘人员应该目视招聘者，面带微笑，礼貌地回答招聘者提出的问题。

（5）不要在展位内长时间使用手机。招聘者和应聘者的时间都很宝贵，应聘者见到招聘人员正忙着，便会去其他展位，这样就可能会错过优秀的人选。

（6）不要在应聘者走后对他们进行评论，一方面，对应聘者不够尊重，另一方面，可能会令其他应聘者望而却步。

（7）招聘人员的反应要迅速，做事要果断，以给应聘者留下高效率、高素质的印象。

（8）如果遇到应聘者在展位前问个不停，而且有些问题比较敏感，那么招聘人员应该礼貌地告诉对方："由于今天时间有限，还有其他应聘者在等候，如果您的简历比较符合要求，会约您到企业去面谈。"

招聘会后，要用最快的速度将收集到的简历进行整理，通过电话或电子邮件的方式将筛选的结果反馈给应聘者。反应速度比较快的企业会给应聘者留下企业管理效率较高的印象，从而有利于提升企业在应聘者心目中的地位，增加企业吸引力。

很多情况下，应聘者是通过与招聘人员接触而认识企业的，所以规范招聘人员的行为是非常重要的。

关键点提示

招聘人员的行为规范主要包括：

1.提前入场；2.保持良好精神风貌；3.体现良好的敬业精神和职业品德；4.反应迅速，做事果断。

3.14 如何撰写招聘广告

工作场景描述

当要掌握撰写招聘广告的方法和技巧时，可查看。

在媒体上刊登招聘广告是当今企业广泛使用的获取职位候选人的方式，好的招聘广告是一种很有效的招聘手段。相关人员撰写招聘广告时应注意以下两个方面。

1. 确定招聘广告的内容

招聘广告的内容包括以下几部分。

（1）简单介绍企业情况。在招聘广告中应该以简洁的语言强调企业最具特色和吸引力的地方，广告中最好能突出显示企业的标识，并提供企业网站的网址，以便让看到广告的应聘者浏览企业网站，以获取更多信息。

（2）详细介绍职位的情况。在招聘广告中，对职位的介绍通常包括职位名称、所属部门、主要工作职责、任职资格等。相关人员起草招聘广告时参考一下职位说明书会比较有帮助，但要注意的是，招聘广告中的职位情况介绍应该从应聘者的角度出发，以应聘者能够理解和感兴趣为标准，切不可照搬职位说明书。

（3）说明应聘者需准备的材料。招聘广告中应该注明应聘者应准备哪些材料，例如需准备中英文简历、学历学位证书复印件、资格证书复印件、身份证复印件、照片等。

（4）注明应聘方式和联系方式。应聘方式大多采用将简历和应聘材料通过信件、电子邮件、传真发送到企业的方式，因此需要提供企业的通信地址、电子邮件地址或者传真号码，一般情况下不必提供电话号码。另外，还应该提供应聘的时间范围或截止日期。

2. 撰写要求

相关人员撰写招聘广告时须把握以下几点。

（1）内容真实、合法。这是撰写招聘广告的首要原则。招聘企业必须保证招聘广告的内容客观、真实，否则要对虚假广告造成的后果承担法律责任。广告中所涉及的有关聘用人员的劳动合同、薪酬、福利等政策必须兑现。

（2）内容简洁明了。广告内容要简洁明了，重点突出岗位职责、任职资格和联系方式。

招聘广告只有做到内容准确具体、简洁明了，才能有效地表达招聘意图，吸引合适的人才前来应聘。

> **关键点提示**
>
> 1. 招聘广告内容包括：
>
> （1）企业简介；（2）职位情况；（3）应聘者需准备的材料；（4）应聘方式和联系方式。
>
> 2. 撰写要求包括：
>
> （1）内容真实、合法；（2）内容简洁明了。

3.15 如何与猎头公司合作

> **工作场景描述**
>
> 当要明确与猎头公司的合作过程，以获取高素质人才时，可查看。

 解读与分析

猎头公司可以为企业寻找所需要的高级管理人才和专业技术人才，企业同猎头公司合作时需了解以下内容。

1. 明确通过猎头公司招聘的特点

（1）适用于高级人才的招聘。

（2）费用高，其费用一般为所招聘职位年薪的1/4~1/3。

2. 掌握合作步骤

（1）对猎头公司的资质进行考察。一般应该选择有比较好的背景和声望，并且有较强的能力在市场上寻找人才和对委托方的职位进行推荐的猎头公司。优秀的猎头公司在操作上严谨、规范，对委托方所在行业有深刻的了解，而且拥有自己的人才数据库。另外，猎头公司的人员应有很高的素质。

（2）与猎头公司约定好双方的责任和义务，并就一些容易发生争议的问题事先达成共识。为避免相互合作中出现问题和纠纷，企业应与猎头公司协商一致，就诸如费用水平、支付方式、付款时限、违约责任等问题达成书面协议，约束猎头公司的行为，保护自身的权益。

（3）选择合适的猎头公司与其长期合作。一般说来，如果企业在与某家猎头公司的合作中感觉比较愉快，应该在以后类似的招聘工作中继续与之合作，尽量避免与过多的猎头公司合作。另外，还应该尽量选择这家猎头公司中最好的猎头顾问为自己服务。

与猎头公司合作是一种较特殊的招聘方式，虽然花费高，但可以为企业招聘到高级人才，所以企业在确定与猎头公司合作后，应选择有信誉并且熟悉的合作对象。

> **关键点提示**
>
> 与猎头公司合作的步骤主要有：
> 1.考察猎头公司资质；2.明确双方责任、义务；3.与信誉好、熟悉的公司长期合作。

3.16 如何进行网络招聘

> **工作场景描述**
> 当要明确网络招聘的操作方式和基本内容时，可查看。

解读与分析

互联网的日益发展，使得用尽量少的成本在最大范围内寻找合适人才成为现实，网络招聘成为一种新兴的被越来越多企业使用的招聘手段。实行网络招聘的方式主要有以下两种。

1.通过专业性的人才招聘服务网络平台招聘

近年来，我国出现了不少专业的人才招聘服务网络平台。这些招聘服务网络平台同

人力资源工作常见问题清单

时为企业和个人服务，能够提供大量的招聘信息，并且也提供网上的招聘管理和个人求职管理服务。

人才招聘服务网络平台上的简历库能够提供大量的求职者信息，因此企业可以不发布招聘广告而直接搜索人才招聘服务网络平台上的简历库。现在有越来越多的企业愿意通过搜索现成的人才数据库来寻找自己感兴趣的人才，这是一种非常有效率的招聘方法。

企业在选择专业招聘网络平台时要注意以下问题。

（1）招聘网络平台的覆盖面。有些专业的招聘网络平台规模很大，覆盖全国许多大、中城市，这样的网络平台上的招聘信息有很大传播面，适用于招聘中、高级管理人员和技术人员。如果企业只是招聘普通员工，在当地的招聘网络平台上刊登信息较为合适，这样做不仅针对性强，而且反馈速度较快。

（2）招聘网络平台的点击率。企业和应聘者都要通过招聘网络平台来寻找理想的目标，因此网络平台的"人气"十分重要。网络平台点击率高，说明"人气旺"，企业找到理想人才的可能性就大。

（3）招聘网络平台的数据库。数据库是储存企业和应聘者信息的仓库，库存信息量的多少直接决定着企业的招聘效率。数据库越大，可供企业选择的对象也就越多，成功率也就越大。

（4）除了上面的因素以外，企业还可以考查招聘网络平台的求职者信息登记系统，依系统的完善性、科学性推断网络平台数据库内求职信息的有效性，这也可以从侧面反映招聘网络平台的可靠性。

2.通过企业网络平台招聘

企业可以通过自己的网络平台发布招聘信息。有长远眼光的企业都已将相当多的时间与金钱投入到了企业的网络平台上，很多国际知名的大企业在自己的网络平台上提供了各种有关企业的信息，例如企业的发展历程、产品、业务范围、经营理念、文化，等等，在企业的网络平台上放一些行业信息对专业人才来说会产生很大的吸引力。而且，从效果和费用的角度来讲，利用企业网络平台招聘是极具优势的。

为了更有效地吸引求职者登录企业网络平台，企业应该做到以下几点。

（1）不断更新网络平台内容。

（2）在网络平台上设立招聘专区。

（3）在网络平台上提供专业内容。

网络已经成为当前社会和经济生活中的重要组成部分，为人们的工作和生活提供了许多便利，企业应充分利用这一有力工具，使其为招聘工作服务。

> **关键点提示**
>
> 企业进行网络招聘时可以：
>
> 1.通过专业性的人才招聘服务网络平台发布信息；2.通过企业网络平台发布信息。

3.17 如何进行校园招聘

> **工作场景描述**
>
> 当想通过校园招聘渠道招募合适人才时，可查看。

解读与分析

校园招聘是指招聘单位直接从学校招聘各类应届毕业生的招聘形式。对于具有潜质的学生，企业通过严格的选拔、系统的培训和定向的实践培养，最终从中挑选出优秀者进入企业。校园招聘具有时间集中、范围广等优点。一般来说，校园招聘主要分为如下几个阶段。

1. 招聘准备阶段

在这个阶段，企业招聘人员首先与目标院校的就业负责人取得联系，主要完成如下几项任务：第一，协商安排好招聘时间和地点；第二，预订校园附近合适的宾馆；第三，准备好招聘需要的相关材料，进行人员配备；第四，对目标专业学生要有一定的了解，通过与就业负责人沟通，了解目标专业学生的就业意向、诉求等概况，并以此制作合适的宣传海报；第五，了解此次校园招聘活动相关竞争企业的情况；第六，一般要提前一周时间进行相关的招聘信息宣传；第七，制作宣讲材料，宣讲材料可以着重体现以往大学生在企业内实习、培训的情况，这最好用图片说明，在一定程度上可以满足学生对实习、培训期的好奇以消除其疑惑；第八，与该校就业负责人联系确认此次招聘信息内容，并通过校园通告栏、学生宿舍食堂、学校网站等渠道布告招聘信息。

2. 招聘宣讲阶段

在宣讲阶段，宣讲者除了要声情并茂地介绍企业外，还要辅以向学生发放宣传册、企业内刊和播放企业宣传片的方式。在宣讲阶段，要将学生关心的诸多问题表达清楚，以减少后续提问环节时间上的浪费，如详细说明社保福利、薪资构成、个人成长空间、生活工作条件等。

宣讲者在这个阶段要注意几点：第一，在宣讲结束后应该立刻解答学生的提问，且回答时流利自然，始终面带笑容；第二，宣讲和问题解答后要直接进入面试阶段；第三，宣讲时可邀请该校的就业老师旁听，在宣讲完时请老师点评，这可以增强学生的认同感和信任感；第四，宣讲的最后要明确面试、笔试的安排，签约的地点、时间，并事先准备好就业协议（企业信息需先行填写完整并盖章）。

3. 面试阶段

招聘人员的工作要高效而有针对性，因为应聘的学生往往很多，面试时要注意效率。面试前要求应聘的学生将个人信息表填好，内容如家庭情况、成绩单、学校和社会实践情况、兴趣爱好、求职岗位与意向地区等，这样可以节省时间，提高效率。另外，面试完每一个学生后都要在其简历上标注面试的印象分（可为A+、A-、B、C等等级），将其作为筛选、录用的参考标准。面试完后，根据岗位需求和印象分情况挑选合格的学生参加笔试。一般在面试当天晚上就通知笔试地点、时间，在求职学生数量充裕的情况下，可筛选出拟录用人数的1.5~2倍的应聘者进行笔试。

4. 录用和签约阶段

通过面试和笔试的综合筛选，招聘人员共同确认录用名单后立刻电话通知学生签约。在与学生的接触中，招聘人员要始终以礼貌热情的态度认真解答疑问。

5. 招聘结尾阶段

招聘人员要向协助配合的老师、学生表示感谢，并对其工作表示赞赏，表达期待下次合作的意愿，同时注意对未完成签约学生的具体情况进行跟进。

> **关键点提示**
>
> 校园招聘一般有如下几个阶段：
>
> 1.招聘准备阶段；2.招聘宣讲阶段；3.面试阶段；4.录用和签约阶段；5.招聘结尾阶段。

第4章

新员工甄选聘用工作常见问题

在员工甄选聘用工作过程中及结束后,企业要注意做恰当的工作评估,诸如选用的甄选途径是否有效,相关费用是否合理,工作效果如何等。通过评估,企业就会明白哪里做得好,哪里需要改进。只有通过不断评估、改进,员工甄选聘用工作才会更加合理、有效。

4.1 如何对应聘者进行初步筛选

> **工作场景描述**
> 当要对应聘者进行初步筛选时，可查看。

解读与分析

初步筛选就是招聘人员以招聘计划中的职位分析和职业要求为标准，阅读收集到的所有应聘者的应聘材料，选择符合企业职位要求的应聘者。招聘人员在筛选过程中要做好以下工作。

1. 全面利用应聘者材料中所包含的信息

这些材料包括应聘者所准备的求职信、履历表、招聘单位预先印制好的由应聘者所填写的登记表。一般来说，应聘者提供的求职信和履历表比应聘者登记表，能提供更多的信息。通过阅读应聘者的求职材料，招聘小组成员可以对应聘者做出初步的判断。

2. 核查应聘者的材料信息

招聘人员如果发现应聘者材料中有含糊不清或自相矛盾的地方，应仔细辨别，去伪存真，并且，对于材料中反映出来的应聘者的才能，如写作才能等，应该予以重视。

3. 分析应聘者基本信息中的隐含信息

其包括应聘者的年龄、性别、国籍（特殊条件下）、教育程度、职业资格证书、接受培训情况、现时的薪水、特别的技能、健康状况、兴趣爱好、工作变动的频率和原因，以及应聘者自我评价中所包含的信息。

4. 评估应聘者

在对应聘者进行初选时，应聘者的学历、技能及工作经验是要重点考察的内容。招聘人员在评估时可参考以下原则。

（1）企业在大量招收基层员工时，应届毕业生是很好的选择，这时应聘者的学历、专业就应成为评估的主要内容。

（2）如果企业招聘的是中、高级技术人员或专业性要求很高的专业人才，其技能和工作经验就较为重要，学历则不应成为最重要的评估因素。

5. 通知合格的应聘者

（1）与通过初步筛选的应聘者建立联系，并根据双方要求确定面谈的时间、地点。

（2）有条件的企业可为非企业所在地的应聘者提供交通费、住宿费，以保证下一步的面谈活动顺利进行。

（3）向在初步筛选中被淘汰的应聘者写信表达歉意以及感谢，这样可以体现企业对应聘者的尊重。

初步筛选只是把符合企业要求的应聘者"拣"出来，而不是去寻找最符合企业要求的、最优秀的应聘者。筛选的标准通常有以下几点。

（1）完成工作所需要的才能。

（2）教育背景。

（3）工作经历。

总之，对应聘者进行初步筛选可以把那些明显不符合企业要求的应聘者提前排除掉，提高甄选工作的效率。

关键点提示

企业对应聘者进行初步筛选时要做好以下几点：

1.全面利用应聘者材料中所包含的信息；2.核查应聘者的材料信息；3.分析应聘者基本信息中的隐含信息；4.评估应聘者；5.通知合格的应聘者。

4.2 如何选择笔试方法

> **工作场景描述**
> 当准备对候选人进行笔试，要选择笔试方法时，可查看。

解读与分析

笔试是企业经常用到的员工甄选方法，是指在一定条件下，应聘者按试卷要求，用文字的方式回答的一种考试形式。笔试主要有以下几种方式。

1. 客观式笔试

客观式笔试即以客观型试题为主要试题形式和应用标准化方法控制考试过程的考试，特点是试题涵盖面广、信息量大、可控制笔试过程中的误差。

（1）客观式笔试的主要考查方法是选择法。选择法是让应聘者从三个或以上的答案中选出正确或最适合的答案的考试方法，它是客观式笔试的代表性方法。

（2）标准化具体包括编制试题标准化、测试过程标准化、评分记分标准化、分数综合和解释标准化。标准化将考试作为一个系统过程，每个环节都要统一标准、严格规范，并对误差进行严格控制。

2. 论述式笔试

论述式笔试是以论述型试题为主要试题形式的一种考试方式。论述式笔试的特点是试题灵活、考查内容层次比较深，但是评分比较困难。根据答题范围，论述式笔试可分为以下两种。

（1）限制性论述题。此种类型的试题对于试题答案的形式及范围、长度都做了非常具体的限制。限制性论述题与其他论述题相比较，具有记分较容易和客观的特点。但是由于它对应聘者作答的范围和方式做了限制，因此在考查应聘者能力方面，较适用于考查理解、应用和分析能力，而不适用于考查综合能力。

（2）扩展性论述题。此种类型的试题对应聘者的作答方式和范围没有限制性论述题那样多，它给应聘者以很大的自由和空间，允许应聘者自己决定答题的方式，让应聘者可以充分自由发挥其综合和评价的能力，具体可分为以下几种类型。

①平述式论述题。应聘者根据要求，把事情经过或原理从头到尾记述下来。

②说明式论述题。应聘者用自己的话解释明白某事发生的原因、条件等。

③评价式论述题。应聘者用所掌握的理论对某事物（人或现象等）进行评价，并阐明理由。

④驳斥式论述题。应聘者用某种观点批评或否决别人的观点，适用于考查应聘者的综合能力。它是主观性试题的主要代表形式，在它身上集中体现了主观性试题的长处。招聘人员设计论述题时，要着眼于如何进行综合考查，才能够使应聘者的才华得以全面展示。

3. 论文式笔试

论文式笔试即以论文型试题为主要试题形式的笔试，与客观型试题相比，论文型试题有它独特的特点与功用。

（1）要求应聘者自己提供答案，要求应聘者自己计划、自己构思，用自己的话来表达。答案不是一个简单的名词、短语或符号，而是一篇短文，或者是需要数小时才可能完成的论文。

（2）它侧重于从理解与应用的角度测评应聘者对复杂概念、原理、知识点的理解和应用知识解决问题的能力。

（3）笔试时间较长，试题量不能太大，因应聘者需花费相当长的时间组织、表达自己的思想。

笔试是使用最频繁的甄选方法之一，企业应根据空缺职位的性质和甄选目的，合理选择笔试方法，设计笔试内容，使其能真正满足员工甄选工作的需要。

关键点提示

企业在选择笔试方法时，可以选用：

1.客观式笔试；2.论述式笔试；3.论文式笔试。

4.3　如何做好面试前的准备工作

> 工作场景描述
> 当准备进行面试，要把握面试前的准备工作的内容时，可查看。

面试的过程是面试官和应聘者的双向判断评价的过程，为了保证面试的顺利进行，并让应聘者在心目中形成对企业的良好印象，管理者必须做好以下工作。

1. 选择面试官

这是决定面试成败的关键因素之一，面试官必须具备以下条件。

（1）应具有广博的学识。既要有较深厚的专业知识，又要熟悉各类相关学科和交叉学科知识。面试官必须是一个专业上的通才，知识结构不应有缺口。

（2）必须具备良好的个人品格和修养。必须有公正、公平、客观办事的品质，能倾听与自己不同的意见，并给予客观的评价。

（3）由于在面试评价过程中，定性评价往往多于定量评价，这就要求面试官具有丰富的社会工作经验，能借助工作经验来正确判断应聘者。

（4）面对各类应聘者，能熟练运用各种面试技巧，控制面试的进程。在面试过程中，主面试官应能察觉出应聘者心理上的变化，如恐惧、焦虑等，妥善纾解应聘者的紧张情绪，制造轻松的气氛，同时应具备驾驭面试过程的能力，将面试主题和进度控制在企业的要求范围之内。

（5）能公正、客观地评价应聘者，不受应聘者的外表、性格或背景等方面的影响，因此要求面试官有良好的自我认知能力。

（6）面试官必须接受过相关培训，了解组织状况及职位要求，这样才能帮助企业选拔出真正需要的人才。

2. 回顾职位说明书

对工作的描述和说明是在面试中判断一个应聘者能否胜任该职位的依据，因此面试官在进行面试之前必须对职位说明书做深入细致的了解。在回顾职位说明书的时候，要着重了解的信息是职位的主要职责，对任职者在知识、能力、经验、个性特点、职业兴趣等方面的要求，以及工作中的各种关系、环境因素、员工晋升和发展机会、薪酬福利等方面的信息。

3. 选择参加面试的人选

面试前，应聘人员要真实、正确地填写应聘人员登记表，通过登记表企业可获得许多有关应聘者的背景信息。

（1）应聘人员登记表的内容。

①应聘者的基本情况，如年龄、性别、身体状况等。

②教育和培训情况，包括应聘者所受教育和培训的深度与广度，以及取得的成绩等。

③工作经验。应聘者要列举曾任职务、时间、工作单位、工作职责、薪资以及离职原因等内容。

④其他方面，包括应聘者的技术专长、性格特征以及兴趣爱好等内容。

（2）面试官在面试前，要详细阅读应聘者的登记表、简历等资料，筛选出适合的应聘者参加面试。在确定参加面试的应聘者以后，一定要再次仔细阅读应聘者的应聘材料。这样做的原因主要有两点：一是熟悉应聘者的基本信息，并将其与职位要求和工作职责相对照，对应聘者的胜任程度做出初步的判断；二是发现应聘者的应聘材料中存在的问题，供面试时讨论，如变更工作的频率和原因、工作经历中时间的间断或重叠、对薪酬的要求等。

4. 确定面试方式

一般来说，面试的方式，应视企业规模大小、组织结构以及应聘职位的重要性等因素而定，如在进行一般规模或普通职位员工招聘时采用个人面试法，进行高级职位员工招聘时多采用组合式面试法。

5. 设计面试评价量表和面试问话提纲

（1）面试评价量表由若干评价要素构成，它是面试过程中面试官现场评价和记录应聘者各项要素优劣程度的工具，它应能反映出工作岗位对人员素质的要求。在设计此表时，要注意评价要素必须可以通过面试进行评价。

（2）面试问话提纲要根据所选择的评价要素，以及从不同侧面了解应聘者背景信息的要求来设计。

6. 面试时间和场地选取

（1）面试时间选取。

面试双方应提前约好时间，并应为面试过程留有充足时间，以确保面试有效进行。

（2）面试场地选取。

①通常情况下是在企业的会客室或会议室。有时面试高级管理人才或高级专业人才时，不妨在一个相对独立的环境里进行沟通。

②根据面试方式确定面试空间大小。如个人面试可选取较小的空间，小组面试则要选取较大的空间。

③面试场所要安静、舒适，有良好的采光，相对封闭，不可在有人办公的办公室进行面试。面试时应尽量免受他人的打扰，不接电话，以免应聘者分心。

④面试场所的布置上，既要考虑减少对应聘者的心理压力，减轻其心理负担，又要注意保持适度的环境压力，这也是考验应聘者的一个方面。

总之，做好面试前的各项准备工作是使面试过程顺利进行的保证。

关键点提示

管理者要想做好面试前的准备工作，应该做到以下几点：

1.选择面试官；2.回顾职位说明书；3.选择参加面试的人选；4.确定面试方式；5.设计面试评价量表和问话提纲；6.选取面试场地、时间。

4.4 如何确定面试内容

> **工作场景描述**
> 当准备面试但尚未明确所涉及的具体内容时，可查看。

解读与分析

在做好面试前的准备工作以后，面试官应该根据面试目的确定面试内容。面试内容依企业及工作的不同而有很大不同，主要包括以下内容。

1. 个人情况

个人情况如人际关系处理能力、求职意向等，面试官可以通过面试了解应聘者的人际沟通能力、语言表达能力和情绪控制能力，及应聘者的求职意向和职业目标。

2. 工作经历

了解了一个人的工作经历后，需要确定其技能水平及工作责任心。一个企业中某项工作的内容与另一个企业中同类型工作的内容可能并不相同，应聘者从事某项工作取得了成功并不能保证其从事另一项工作时取得成功。与此同时，过去的业绩也并不能表明应聘者现在具备从事某项工作的能力。

3. 教育背景

当应聘者缺乏足够的工作经历时，教育背景就显得十分重要。一般来说，应聘者受教育的时间、层次可以在一定程度上反映应聘者的实际能力。

4. 专业技术能力

其主要通过分析应聘者的技术等级和学术成就得出，面试官通过了解应聘者的职业资格、职称、取得的技术成果和学术成就等，可判断出应聘者对空缺职位要求的满足程度。

面试官应该根据空缺职位的具体情况和要求，合理地安排面试内容，这样才可能获取可靠的应聘者的相关信息。

关键点提示

面试内容应该包括：

1.个人情况；2.工作经历；3.教育背景；4.专业技术能力。

4.5 如何选择面试方式

工作场景描述

当要根据不同的职位选择不同的面试方式时，可查看。

解读与分析

招聘时，应聘者应聘的职位、应聘人数等情况不尽相同，面试方式要随其变化，方可获得满意效果。面试官可以选择以下几种方式面试。

1. 个人面试

（1）一对一面试。顾名思义，面试时只有一位面试官，多用于小规模招聘以及较低职位员工的招聘。

（2）主试团面试。主试团由多位面试官组成，以便从不同角度对一个应聘者进行观察，对应聘者做出全面正确的评价。

2. 小组面试

当应聘者较多时，可将其分为若干小组，就一些问题展开讨论。面试官可在一旁就应聘者的管理能力、逻辑思维能力、口才、处理人际关系能力和环境控制能力等进行观察评价，加以甄选。

3. 测验面试

其一般在应聘职位对应聘者有某些技能要求时采用。测验一般在面试过程中穿插进行，并且不一定采用规范化的测试技术。

4. 渐进式面试

这是一种多轮面试方法。每一轮面试都将淘汰不合格的人员，应聘者进入面试的轮次越多，说明面试等级越高。

5. 结构式面试

结构式面试，就是指依照预先确定的内容、程序、分值结构进行的面试，对同类应聘者，用同样的语气和措辞，按同样的顺序，问同样的问题，按同样的标准评分。结构式面试的问题结构就是招聘岗位所需要的人员素质结构。有时还要预先分析应聘者针对这些问题可能做出的回答，并为答案确立评价标准，以帮助面试官进行评定。

6. 复合式面试

这种面试是前面几种面试方式的组合，特点是面试内容较多，适用于高级职位的招聘。

不同的面试方法各有优缺点，面试官应根据面试目的、应聘者数量和素质等情况选择最适合的面试方法。

关键点提示

面试的方法有：

1.个人面试；2.小组面试；3.测验面试；4.结构式面试；5.渐进式面试；6.复合式面试。

4.6 如何设计面试题目

工作场景描述

当要设计合适的面试题目以提高面试效果时，可查看。

解读与分析

面试官需要从应聘者对问题的回答中获取有价值的信息,所设计的问题对能否获取应聘者的相关信息十分重要。面试官在设计问题时可以采用以下几种类型。

1. 背景型面试题

背景型面试题是通过询问应聘者的学历、工作、家庭及成长背景等问题来了解应聘者的求职动机、成熟度和专业技术背景等的面试题型。背景型面试题侧重考查应聘者回答内容的真实性、逻辑上的连续性和合理性。

2. 智能型面试题

智能型面试题是通过询问应聘者对一些复杂问题或社会现象等的分析,来考查应聘者的综合分析能力、逻辑思维能力、反应能力和解决问题能力的一种面试题。

智能型面试题要求面试官本人具有较高的综合素质,能够借助参考答案来评价、处理不同的应聘者。这类面试题最容易设计,但答案有时较难统一,面试官之间的答案有时就有很大差别,使用时应注重评价应聘者回答的形式,对具体内容可放宽要求。

3. 行为型面试题

行为型面试题是通过要求应聘者描述其过去从事的某份工作或生活经历的具体情况,来了解应聘者各方面素质特征的一种题型。它与背景型面试题一样,题目的表现形式受应聘者个人情况的局限,替代性相对较弱。

行为型面试题要求面试官有很丰富的经验,能识别应聘者回答的真伪,有办法和技巧去追问、发掘应聘者进一步的行为表现是否一致,并判断其真实性和合理性。因此,行为型面试题在设计时就要体现一个事件具体的完整行为,如情境、目的、采取的行动、结果等。

4. 情景型面试题

情景型面试题是通过向应聘者展示一个假设的情景,来让其解决情景中出现的问题,从而考查应聘者的综合分析能力、问题解决能力、应变能力、情绪稳定性、人际交往意识与技巧等素质的一种题型。

情景型面试题也较容易设计,且可以满足多种测评要素的考查需要。其缺点在于它

人力资源工作常见问题清单

本身的情景假设性使得对应聘者的回答是否真实有效难以做出评判。应聘者所说的在假设情景中的反应可能都是他理想中的反应，真正遇到该情况是否会采取假设中的做法则很难判断。

5. 意愿型面试题

意愿型面试题是通过直接征询应聘者对某一问题的意愿来考查应聘者的求职动机、敬业精神、价值观、情绪稳定性等要素的一种题型。面试官在使用这类题目时注意不要误导应聘者，同时避免出现尴尬冷场的局面。

6. 作业型面试题

作业型面试题是通过让应聘者现场完成一项任务来考查应聘者综合素质特征的一种题型。作业型面试题的可替代性较强，答案相对比较统一。

上述面试题各有特点，面试官可以根据面试要求，选择一种或综合使用几种面试题。

关键点提示

面试官进行面试题设计时可以选择：

1.背景型面试题；2.智能型面试题；3.行为型面试题；4.情景型面试题；5.意愿型面试题；6.作业型面试题。

4.7 如何控制面试过程

工作场景描述

当要了解并掌握面试的完整流程时，可查看。

解读与分析

面试过程是在连续的提问对话中完成的，为保证面试过程按计划顺利进行并获取足够的、准确的应聘者信息，一般分为以下五个阶段进行。

1. 预备阶段

在面试开始时多以社交话题为主，主要是帮助应聘者消除紧张、戒备的心理，营造和谐、宽松、友善的面试气氛，当应聘者情绪稳定后，就可继续进行面试。本阶段需要注意以下几点。

（1）对应聘者进行适当的接待。

（2）创造良好的面试环境。

（3）提问时要轻松友善。

2. 引入阶段

这个阶段围绕应聘者的履历情况提出问题，逐步引出面试正题。在这个阶段，目的是要给应聘者一个真正发言的机会，同时，面试官对应聘者开始进行实质性评价。

在此阶段，一方面，要了解应聘者的情况，判断其是否符合企业需要，将其作为录用与否的依据；另一方面，要让应聘者对企业及应聘职位有所了解。

3. 正题阶段

它是面试的实质性阶段，是面试过程中最重要的一环。面试官通过广泛的话题从不同侧面了解应聘者的心理特点、工作动机、能力、素质等，评价内容基本上是面试评价表中所列的各项要素。在这个阶段，需要注意的是面试提问技巧，面试官应提一些能得到尽可能多的应聘者信息的问题，以"如何""为什么""比较说明"等词语提问。

在询问应聘者的教育背景时，如果对方已经离开学校很久，就没有必要花太多时间来详细询问其受教育情况，一般只要问清对方取得了什么学位、主修了什么课程便可以了。但对于刚刚从学校毕业的应聘者，面试官不妨多问一些教育背景方面的问题，以了解应聘者掌握专业知识的深度和广度，判断其所拥有的专业知识和特长是否符合所要聘用职位的条件。应聘者的工作经验是面试过程中所要考查的重点内容，可以通过应聘者的工作经历来了解其过去工作的有关情况，以判断其所具有的实践经验是否符合职位要求。

本阶段需要注意以下几点。

（1）确认背景资料。

（2）评估应聘者的受教育程度及工作成就。

（3）考察应聘者的个性行为特征，主要观察应聘者的面部表情和身体动作。

（4）对应聘者与职位的符合程度做出初步评估。

4. 确认阶段

这时面试接近尾声，此时面试的主要问题已问过，面试官可以提出一些更尖锐、更敏感的问题，以便更深入地了解应聘者，但要注意尊重应聘者的人格和隐私权。

面试进入该阶段后，双方可以进行职位问题的讨论，这时面试官可以给应聘者一份该职位的说明材料，并回答应聘者的提问。若对方问的是技术、训练和发展机会等方面的问题，那么对方可能是企业要争取的人选，这时可以与应聘者讨论待遇方面的问题。

5. 结束阶段

在这个阶段，面试官应给应聘者留下自由提问的时间。而且，还有一项不可忽视的工作，就是对应聘者进行评价。它是面试官根据应聘者的面试表现，运用独立的评价标准，在评价表中对应聘者的能力、素质、工作动机及工作经验等进行评判的过程。每位面试官的评价结果是完全独立的，最后综合众人的意见，给予是否聘用的建议。

在整个面试过程中，双方的目光距离保持在1~1.5米为好，面试官的目光要大体保持在应聘者的嘴、头顶、脸颊两侧范围内，给对方一种对他感兴趣，在很认真地听他回答的感觉，同时要伴以和善的表情、柔和的目光与微笑。

面试官对面试过程的各个阶段都要认真安排，保证每个阶段都能顺利地进行。

关键点提示

面试过程包括：

1.预备阶段；2.引入阶段；3.正题阶段；4.确认阶段；5.结束阶段。

4.8 如何灵活运用面试提问技巧

> **工作场景描述**
> 当要使用不同的面试提问技巧来获取有效信息时,可查看。

解读与分析

在面试中,如果提问方式恰当,面试官就可以获取想得到的有效信息。面试官在面试中可灵活运用以下提问方式。

1. 封闭式提问

它只需应聘者做出简单的回答,一般回答"是"或者"不是",至多加一句简单的说明。这种提问方式是为了明确某些不确定的信息,或充当过渡性提问。

2. 开放式提问

这是一种鼓励应聘者自由发挥的提问方式,在应聘者回答问题的过程中,面试官可以对应聘者的逻辑思维能力、语言表达能力等进行考查。值得注意的是,开放式提问的内容比较宽泛,应聘者回答时易跑题,面试官要注意及时将应聘者的注意力拉回到主题上来。

3. 假设式提问

它采用假设的提问方式,以考查应聘者的应变能力、逻辑思维能力和解决问题的能力。但是,应聘者在回答这些假设性问题时常会故意给出符合面试官期望的好的回答。因此,该类问题在面试中不应过多且应具有一定的挑战性。

假设式提问给应聘者提供了一个表现自己的舞台,在应聘者回答问题的过程中,面试官可以对其逻辑推理能力、价值倾向、态度、创造性、工作风格等方面做出判断。

4. 压迫式提问

这种提问方式带有挑战性,其目的在于创造情景压力,以此考查应聘者的应变力与忍耐力,一般用于压力面试中。这种提问是从应聘者力图回避的内容或谈话矛盾中引出的。

压力面试是将应聘者置于一种不舒适的环境中,以考查对方对压力的承受能力的一种面试方法,一般用于测评公关人员和管理人员。

5. 连串式提问

其主要用于考查应聘者的反应能力、逻辑思维能力及情绪稳定性。主考官向应聘者提出一连串问题,给应聘者造成一定的压力,是这种提问方式的目的之一。

6. 引导式提问

当涉及工资、福利、工作安排等问题时,面试官可通过引导式提问征询应聘者的求职意向、需要等。

在人员甄选过程中,面试官只有明确不同的提问方式的使用目的,才能灵活选择适合的提问方式,获取应聘者的相关信息。

> **关键点提示**
>
> 面试提问的技巧有:
> 1.封闭式提问;2.开放式提问;3.假设式提问;4.压迫式提问;5.连串式提问;6.引导式提问。

4.9 如何避免主观因素影响面试结果

> **工作场景描述**
>
> 当要使面试结果尽可能地客观公正时,可查看。

解读与分析

面试结果受多种因素影响,面试官应尽量避免主观因素对面试结果造成影响。为保证面试的客观、公正,面试官在面试中要做到以下几点。

1. 避免主观判断

生活中对一个人的第一印象，常常左右今后我们对其的态度，但单凭第一印象就对一个人做出判断是很不准确的。在面试过程中，若面试官受第一印象左右，就会使面试成绩评定有失客观，所以，面试官应该客观地观察与评价应聘者的行为表现及问答情况，避免出现"凭第一印象定终身"的情况。

2. 避免光圈效应

光圈效应是指应聘者在某一方面表现得特别突出时，面试官因印象深刻而认定应聘者的所有方面都同样出色，反之，面试官一旦对应聘者产生了偏见，往往会心存厌恶。这可能导致本来是缺员岗位的最佳人选的应聘者，由于面试官的偏见而失去了录用机会。

3. 把握评分标准

它要求各位面试官的评分标准和尺度要一致，全体应聘者的机会要均等，考核要标准统一。

4. 保持旺盛精力

面试有时会持续很长时间，面试官们往往要连续作战，因此需要面试官们始终保持清醒的头脑和旺盛的精力，认真听取应聘者的回答，仔细观察其表现，对其能力、水平做出恰如其分的评价。

5. 避免话语太多

有时在面试中，面试官滔滔不绝，不容应聘者有开口的机会，这是和面试目的背道而驰的。如果面试官只顾自己说话，又如何了解应聘者呢？

面试过程较长，而且应聘者的情况、条件各有不同，这就要求面试官尽量把个人主观因素排除在外，保证面试结果客观。

关键点提示

面试官要想避免主观因素影响面试结果，就必须做到以下几点：

1.避免主观判断；2.避免光圈效应；3.把握评分标准；4.保持旺盛精力；5.避免话语太多。

4.10 如何面试过分羞怯或紧张的应聘者

> **工作场景描述**
> 当面对过于羞怯或紧张的应聘者，要消除其不良心理对面试的影响时，可查看。

解读与分析

在面试过程中，有一些应聘者有可能过于羞怯或紧张，不太会推销自己。这时，面试官不仅要客观准确地对应聘者做出判断，还要帮助和鼓励应聘者很好地表现自己。

对待这种应聘者，优秀的面试官一般采用以下几种方法。

1. 选择合理的提问方式

面试官在面试预备阶段要注意营造和谐、宽松的气氛，提一些封闭性的问题，因为有挑战性的问题或者压迫性的问题会令应聘者感到更加紧张。

2. 加强沟通

使用重复、总结等方式加强双方的沟通。面试官可以通过重复应聘者讲话的某些要点，引导其继续讲话，并且在一定的时间后对谈话的内容进行总结。内向、不健谈的应聘者的讲话往往比较简短、不具体，所以面试官通过积极的沟通方式，可以更加充分地获得应聘者的信息。

3. 使用鼓励性语言

对应聘者可以直接使用一些鼓励性语言，例如"是的，就是这样""很对""我明白了""慢慢说，别急"，等等。在音调方面，则要较温和。带有鼓励性的身体语言包括点头、微笑、直接的目光接触、身体前倾等。

面试官在面试此类应聘者时要注意方法，引导、鼓励其表达出自己真实的想法。

> **关键点提示**
>
> 面试官面试过分羞怯或紧张的应聘者时,应该:
> 1.选择合理的提问方式;2.加强沟通;3.使用鼓励性语言。

4.11 如何进行应聘者一般能力倾向测试

> **工作场景描述**
>
> 当要准备对应聘者进行一般能力倾向测试,但对其内容和测试方法模糊不清时,可查看。

解读与分析

一般能力测试,也就是我们所说的能力测试,包括一般能力倾向测试和区别性能力倾向测试。后者能够描绘出个人特有的长处和短处。

一般能力倾向测试是对人的基本能力进行的测试,面试官可以使用这种测试方式考查应聘者的基本能力。具体操作如下。

1. 测试语言理解能力

语言理解能力是指运用语言文字进行表达、交流和思考的能力,包括理解词汇、句子、段落的含义,正确运用语法等方面。相关人员可测试应聘者能否快速、准确地阅读文字材料,理解文字内容,从文字材料中提取重要信息。测试语言理解能力主要采用查找错别字、搭配关联词、理解文字含义、整理文件、物品与人名的速记等方式。

2. 测试逻辑推理能力

逻辑推理能力是根据已知信息,发现和理解事物之间的关系,并做出分析和判断的能力。逻辑推理能力的强弱代表着人对事物的本质和事物之间关系认知能力的高低,测试逻辑推理能力主要是测试应聘者能否从繁杂或不完整的信息中发现联系和解决问题的线索。这类测试往往采用文字、图形等方式。例如，给出一系列有规律的图形，让应聘者分析其中的规律，并选择或填写空缺位置的图形形状；还可以给出一组相互间具有关联的数字，要求应聘者通过所给信息找到数字序列的下一个数字；另外，推理小故事也是常用的测试题目，应聘者通过阅读故事内容，分析其中人和事物之间的逻辑关系，回答面试官提出的问题。

3. 测试数字处理能力

数字处理能力是指对事物之间的数量关系做出分析、理解和判断的能力。测试题目所用到的数学知识其实很简单，基本上用初级的数学知识就可以应付，题目真正想测试的是应聘者对数字的敏感性和灵活运用数量关系进行分析的技巧。在实际的测试中可采用一些简单的数字题，要求应聘者进行计算，以测试应聘者的计算速度；还可以让应聘者选出一个最接近答案的数字，以考查应聘者对数字的敏感性及对计算技巧的使用。

4. 测试综合分析能力

综合分析能力主要是指一个人对各种形式的信息进行准确理解、综合分析与加工的能力。这类测试主要测试应聘者对各种文字、图表等形式的信息进行准确的理解和加工，并从这些信息中找出解决问题的关键的能力。例如，给出一组资料，让应聘者通过分析、推理和计算，回答不同的问题。

面试官可以选用现有的一般能力倾向测试方法，对应聘者进行测试。

关键点提示

一般能力倾向测试可以通过以下方面来进行：

1.测试语言理解能力；2.测试逻辑推理能力；3.测试数字处理能力；4.测试综合分析能力。

4.12　如何利用自陈式量表进行应聘者个性测试

> **工作场景描述**
> 当想通过应聘者的自我评价来获取信息，以增强招聘效果时，可查看。

解读与分析

自陈式量表是测试应聘者个性最常用的方法，自陈就是让应聘者自己提供关于自己的个性特征的报告。面试官可以利用自陈式量表对应聘者进行个性测试。

利用自陈式量表进行个性测试的基本假设是，只有应聘者自己了解自己，因为自己可以随时随地观察自己，而任何其他的观察者都不可能了解应聘者的行为的所有方面。

1. 选择自陈式量表编制方法

（1）逻辑法。逻辑法即根据某种理论或推理选择测试题目。编制时，应先确定所需测量的应聘者的个性特质，再编写理论上能够测定这些特质的题目。

（2）经验法。经验法又称实证法，即根据题目和效标间的经验关系编制题目。运用经验法编制量表的步骤如下。

①选择效标组和对照组。

②确定以什么特点区分效标组和对照组，编制题目。

③将题目施测于效标组和对照组，确定有区分作用的题目。

（3）因素分析法。因素分析法是指根据分析指标与其影响因素的关系，从数量上确定各因素对分析指标影响方向和影响程度的一种分析方法。应用因素分析法时，同一量表中的题目应有较强的相关性和较强的内部一致性，应剔除与其他题目没有相关性的题目，这样才能应用不同题目测试应聘者同一方面的心理特质。

经验法、逻辑法和因素分析法是编制自陈式量表的三种基本方法。理想的个性测评题目的编制策略应是综合运用上述三种方法。

2.设计自陈式量表题目类型

（1）是非式。是非式即对一句陈述只提供"是"和"否"两种选择，应聘者必须从这两种选择中选出一种。

（2）折衷是非式。这种方式在是非式的基础上增加了一个不确定的选项。在采用这种题型的测验中，通常会要求应聘者慎重选择不确定的选项，只有在实在无法做出"是"或"否"的判断时才可以选择不确定选项，因为选择了过多的不确定选项会使得应聘者的个性特征表达得不明显，无法测出其真实的个性。

（3）选择式。这种方式是在一个题目后面给出若干选项，应聘者需做出选择，可以是单选，也可以是多选。

（4）迫选式。这种方式要求应聘者必须从两个给定的选项中选出一个来。迫选式题目很多情况下用来避免社会称许性的干扰，因为应聘者有时会被要求从两种都容易受到社会称许的行为中选出一种，或者从两种都不受社会称许的行为中选出一种。

（5）渐进式。这种题目的选项是在强度或频率上渐进的选项，应聘者判断自己处于什么程度。

利用自陈式量表测试的前提是应聘者最了解自己，但有些情况下应聘者本人并不很清楚自己或故意隐瞒情况，因此面试官应结合其他测评方法对应聘者进行综合测评。

关键点提示

1.自陈式量表编制方法包括：

（1）逻辑法；（2）经验法；（3）因素分析法。

2.自陈式量表题目类型包括：

（1）是非式；（2）折衷是非式；（3）选择式；（4）迫选式；（5）渐进式。

4.13　如何利用投射法进行应聘者个性测试

> **工作场景描述**
> 当需要掌握获取应聘者人格深层次信息的方法时，可查看。

解读与分析

投射法是让人们在不自觉的情况下，把自己的态度、动机、内心冲突、价值观、需要、愿望、情绪等下意识的个性特征，在他人身上或环境中的其他事物上反映出来的方法。运用投射法测试应聘者个性时，会向应聘者提供一些未经组织的刺激要素，让应聘者在不受限制的情境下，自由表现出其反应，然后通过分析其反应，推断其具有某些个性特征。面试官在测试中可采用以下几种方法。

1. 联想法

面试官通过语言或动作给予应聘者一定的刺激，要求应聘者根据刺激说出自己联想的内容，根据其回答探测其个性。

2. 构造法

面试官出示给应聘者一些文字、图案，要求应聘者根据自己所看到的内容，编造出一个涉及过去、现在和未来的故事，根据其故事的新颖性、合理性和逻辑性探测其个性。

3. 完成法

面试官要求应聘者对一些不完整的句子、故事进行自由补充，使之变得完整，根据其补充的内容探测其个性。

4. 表达法

面试官要求应聘者用某种方法（例如绘画、文字、语言）自由地表露其个性特点，从其表现中探测其真实个性。

可以说，投射法是通过与答案看似毫无关系的问题探测应聘者真实个性，避免社会称许性因素干扰的有效方法。面试官如能科学地使用投射法，会得到有关应聘者的隐含信息，对做出录用决定很有帮助。

> **关键点提示**
>
> 利用投射法进行个性测试时可以运用以下方法：
> 1. 联想法；2. 构造法；3. 完成法；4. 表达法。

4.14　如何进行应聘者领导能力测试

> **工作场景描述**
>
> 当要对应聘人员进行领导能力测试时，可查看。

解读与分析

领导能力决定着领导活动的效率和成效，因此在人事测评中占据着独特的地位，发挥着独特的作用，被理论研究和实际工作格外看重。管理者应主要测试应聘者以下领导能力。

1. 逻辑推理能力

思维敏锐，逻辑推理严密、连贯，是一个领导者应具有的基本素质。对领导者来说，分析问题、解决问题的能力十分重要。

面试官应严格控制测试时间，测试应聘者是否具有很强的语言分析能力；能否迅速、深入地处理信息，找到问题关键；是否善于分析语言文字所表达的信息；能否基于事实而非主观臆断做出判断。

2. 敏感性与沟通能力

敏感性与沟通能力测试适用于需要人际沟通方面的能力和侧重人际互动活动的工作。敏感性与沟通能力测试指通过考查应聘者对特定问题或现象的分析结果、把握问题实质的敏锐程度，以及在各种复杂情况下做出的应对策略，了解应聘者在沟通中对人际信息的敏感性及对事物的洞察、预见和分析能力，同时可以了解其沟通形式，预测其在工作中说服、影响、感染他人并且经协商达成一致的能力。这种测试可分为以下两部分。

（1）敏感性测试。考查应聘者对人际事务的洞察、分析和预见能力，特别是能否认识和把握问题的实质并进行分析处理，能否敏锐地捕捉人际信息和利用人际关系有效解决问题的能力。

（2）沟通能力测试，侧重于考查应聘者在工作中运用人际沟通技巧和策略方面的能力。应聘者除了要有领导能力，还要具备良好的领导作风（领导人在领导一个群体时，采取的是集权还是放权的方式）。领导作风并无好坏之分，重要的是应聘者所具有的领导作风要和企业日常作风相配合，不要相互冲突。

关键点提示

领导能力测试包括：

1.逻辑推理能力测试；2.敏感性与沟通能力测试。

4.15 如何通过气质测试判断管理人员类型

工作场景描述

当需要根据被录用的管理人员的气质安排工作时，可查看。

解读与分析

气质是个体比较稳定的心理活动特征。虽然在客观条件影响下，气质也会发生一定的变化，但是和其他心理特征相比，气质的变化要缓慢得多。按气质类型，管理人员主要分为以下几种。

1. 胆汁质

其特点是：思维敏捷，工作热情，办事果断，雷厉风行，但容易冲动，脾气暴躁，缺乏耐力。

2. 多血质

其特点是：机智敏锐，适应性强，能较快把握新事物，有很强的灵活性，善于交际，应变能力强，但往往注意力不稳定，兴趣容易转移，缺乏持续性。

3. 黏液质

其特点是：遇事沉着冷静，能很好地克制自己的感情冲动，比较踏实、实干，不爱做空泛的清谈，善于忍耐，情绪不易外露，能很好地克服困难，把事业坚持到底，但往往反应缓慢，稳定性有余而灵活性不足。

4. 抑郁质

其特点是：认真、一丝不苟、办事细心，善于觉察出别人不易觉察的细小事物，善于完成上司交办的某项具体任务，能克服困难，具有坚定性，但比较孤僻，行动迟缓，优柔寡断。

另外，还有以下几种气质类型：重复型、协作型、机智型、严谨型、独立型、变化型、服从型、自我表现型、事实决策型和经验决策型。

人的气质类型相对比较稳定，如果面试官选用恰当的测试方法，会获取具有很好参考作用的应聘者的信息。

关键点提示

管理人员主要分为以下几种类型：
1.胆汁质；2.多血质；3.黏液质；4.抑郁质。

4.16 如何测试应聘者的创新能力

> **工作场景描述**
> 当想测试应聘者的创新能力,需要掌握测试内容和测试方法时,可查看。

解读与分析

创新能力是一种特殊的能力,是人的一种高级能力。虽然目前人们对创新能力有各种各样的定义,但创新能力一般是指产生新想法、发现和创造新事物的能力或能力倾向,在行为上表现为流畅性、变通性和独特性。

面试官对应聘者进行创新能力测试时可从以下几个方面着手。

1. 思维独特性测试

其主要用于测试应聘者对某事物的观点和见解是否新颖独特,是否常常受成见或教条的影响,没有自己的主见。面试官可以一常用物品为例,让应聘者说出其不同于常规用途的其他用途,以考查应聘者的思维独特性。

2. 思维发散性测试

其用于测试应聘者思考问题的角度和范围,通过应聘者的回答判断其思想是否易受到束缚和限制,是否善于从不同角度分析问题,能否做到举一反三。面试官可列出一些常见图形,让应聘者在限定时间内说出与之相关的各种物品,越多越好。

3. 思维流畅性测试

其用于测试应聘者能否在面试官提供的不充分的、不连贯的信息中,找到线索和获得启发,在规定时间内产生大量的、合理的想法和解决问题的方法。面试官可提供一些相互之间并无联系的词语,让应聘者在有限的时间内将其联系起来,并构想出合理的情节。如果应聘者能构想出具有不同情节的故事,那么说明其思维流畅性较强。

4.思维灵活性测试

其用于测试应聘者能否灵活变通地思考和解决问题，是否不拘泥于现有的、常规的方式，遇到问题时能否迂回解决，考虑问题时是否灵活，处理紧急情况时是否处变不惊，能否找到解决问题的方法。面试官可设置一些紧急事件，考查应聘者能否不拘泥于常规，灵活地处理问题。

人类的创新思维是十分复杂的多维结构。现在的创新力测试，在一定程度上忽略了多种因素对创新力的影响。创新力测试的发展有两个方向：一是从潜力测试角度来测量创新力，二是试图给出创新力合适的测量方法。

创新能力对于某些职位而言非常重要，例如广告创意、科技研发等，面试官应充分测试应聘者的创新能力。

关键点提示

面试官要想判断应聘者的创新能力，可对其进行：

1.思维独特性测试；2.思维发散性测试；3.思维流畅性测试；4.思维灵活性测试。

4.17 如何进行情景模拟测试

工作场景描述

当要把握情景模拟测试的过程，开展情景模拟测试时，可查看。

解读与分析

情景模拟测试是指通过创建一种受控的情景模拟状态，让应聘者参与其中，扮演一定的角色，在模拟的情景中按测试者提出的要求，完成任务和活动的一种测试方式。在行为模拟过程中，测试者可以通过观察应聘者的行为对其做出评定。

情景模拟测试一般按以下程序进行。

1. 建立测评工作机构

进行情景模拟测试时，重要的是要严格选择测试小组成员，特别是主要测试者。他们应该是组织人事方面的专家，并且接受过三周左右情景模拟测试方面的专门培训，具有丰富的经验。

2. 设计测评体系和流程

（1）对职务进行详尽的分析，列出必须测试的能力，同时根据测试能力的要求，选择测试的内容与方式，设计测评体系。

（2）设计工作流程。工作流程一般如下。

①观察应聘者的行为。

②整理归纳行为。

③对行为进行评分。

④评分汇总。

⑤主试官讨论。

⑥获得总体评分。

（3）确定应聘者条件。参加情景模拟测试的应聘者应通过了笔试和面试，具有一定的素质和能力，有一定的管理潜力。

3. 预试

为积累测试经验，检验测评体系和评分标准，可先在小范围内进行情景模拟测试试验。试验后，必要时可对原设计方案进行修改。

4. 实施测试

对于选择的测试场所，其布置要达到模拟情景的要求，对应聘者形成一定的压力，以使测试逼真。测试时，每一位主试官要仔细观察，并及时记录应聘者的行为。记录内容要客观、详细，不要进行不成熟的评论，主要是进行客观的观察。观察以后，主试官要马上整理观察结果，并把它归入评价中心设计的目标要素之中，如果有些行为和要素没有关系，就应该剔除。对与要素有关的所有行为进行观察、归纳以后，主试官要根据标准答案对要素进行打分。

主试官可以根据评价要求、目的和企业招聘的需要，对应聘者在评价中表现出来的其他内容做一些文字上的描述，以补充某些信息。

在打分完毕后，各主试官应汇总信息，根据汇总材料，进行一次讨论，就每一种要素的评分发表意见。讨论以后，每一位主试官再独立地给应聘者评出一个总体得分，然后公布结果，进行小组讨论，直到达成一致意见。这个得分就是应聘者在评价中心的总体得分。

5. 评价选拔

测试结束后，测评小组成员要汇总与讨论测试结果，取得一致意见后，确定合格人选。评分统计方面，可设计计分程序，用计算机当场计分。

企业应选择合适的测试小组成员，安排好测试时间、地点、内容，公平地对应聘者进行测试。

关键点提示

情景模拟测试的程序主要包括：

1.建立测评工作机构；2.设计测评体系和流程；3.预试；4.实施测试；5.评价选拔。

4.18 如何编制无领导小组讨论测试题目

工作场景描述

当要掌握无领导小组讨论试题设计技巧时，可查看。

解读与分析

无领导小组讨论是指安排一组应聘者开会讨论一个实际经营中存在的问题，讨论前并不指定谁主持，面试官在讨论中观察每一个应聘者的表现，以便了解应聘者心理素质和潜在能力的一种测评方法。无领导小组讨论对应聘者领导技能的考查及评价非常有效，尤其适用于测评分析问题、解决问题的能力，决策能力等领导者必备素质。面试官可以设计以下几种题目类型来达到测试目的。

1. 意见求同型

采用意见求同型题目时，应聘者对问题可能会有不同意见，但要求他们在规定的时间内达成一致的意见。这种题目常见的出题思路是一个问题有若干个备选答案，让应聘者对备选答案的重要性进行排序，或者选出符合某种条件的选项。

2. 团队实操型

团队实操型题目是给两个或两个以上的应聘者一些材料、工具，让他们利用所给的材料，得到指定成果。其主要考查应聘者的主动性、合作能力以及在实际操作任务中的表现。面试官可以提供一些物品或文字材料，让应聘者共同设计一个作品或一个方案。

3. 资源争夺型

所谓资源争夺，就是题目中提供给应聘者的是一些有限的资源，这些资源可以是钱、空间、物品、人、机会等，每个小组成员都代表各自的利益或各自从属群体的利益。他们每个人都设法使自己获得更多的资源，但如果资源没有被合理分配，每个应聘者都会被扣分。例如，5名应聘者是一个企业5个部门的主管，都在为部门员工争取年终优秀员工奖，面试官要求他们在40分钟内达成统一意见，否则任何部门都不能得到这笔奖金。

4. 两难型

采用两难型题目时，让应聘者在两难选项中选择其中的一个，并说出选择的理由。在编制这种问题时，一定要注意使两难选项具有对等性，即使得应聘者选择两种选项的概率大致相等，不要使应聘者轻易地倾向于选择其中的某一个选项。

无领导小组讨论可以反映应聘者在团队协作中的行为方式，判断其在实际工作中的实际表现。

> **关键点提示**
>
> 无领导小组讨论的测试题型主要有：
> 1.意见求同型；2.团队实操型；3.资源争夺型；4.两难型。

4.19 如何利用角色扮演法测试应聘者

> **工作场景描述**
>
> 当要掌握角色扮演法的基本内容，进行角色扮演法测试时，可查看。

 解读与分析

角色扮演法是指要求应聘者扮演一个特定的管理角色来处理日常管理事务，以此观察应聘者的各种表现，了解其心理素质和潜在能力的一种测试方法。角色扮演法主要用于考查应聘者人际关系处理能力。

在测试中，面试官的着眼点应放在以下方面。

1. 判断应聘者对角色的把握能力

面试官要考查应聘者能否迅速地判断形势并进入角色，同时按照角色规范的要求采取相应的行动，应聘者在角色扮演中的衣着、仪表与言谈举止是否符合角色及当时的情景要求，是否真正融入了角色，是否真正从角色出发考虑和解决问题。

2. 判断应聘者在角色扮演中的表现

应聘者在角色扮演中所表现出来的行为风格、人际倾向、口头表达能力、思维敏捷性、对突发事件的应变能力等，在很大程度上能够反映出应聘者对相关岗位的适应性。

角色扮演有答辩会、记者招待会、员工代表大会、专题座谈会、个别谈话等多种场景，由应聘者扮演指定的"领导者"，由面试官扮演"记者""上级领导""员工""群众""有情绪的下属"等角色，双方进行逼真的压迫式测试。

总之，应用角色扮演法可以很好地判断应聘者是否具备胜任目标职位的能力。

关键点提示

面试官利用角色扮演法测试应聘者时，应该：

1.判断应聘者对角色的把握能力；2.判断应聘者在角色扮演中的表现。

4.20　如何对应聘者的学历证书进行鉴别

工作场景描述

当要鉴别应聘者学历证书的真伪时，可查看。

解读与分析

随着企业对应聘者学历要求的不断提高，伪造学历证书的情况大量地出现，因此，企业有必要对应聘者学历证书的真伪进行鉴别。鉴别学历证书时可采用以下几种方法。

1. 观察法

观察法指通过肉眼观察，与真学历证书进行对比来识别假学历证书。有些假学历证书做工比较粗糙，比如硬度和厚度不够、没有水印、学校公章模糊、字迹钢印不清，等等，这些都可以用肉眼识别出来。当然，现在的一些假学历证书制作得比较逼真，水印、公章、钢印都具备，通过肉眼很难识别真伪。这时如果周围有真学历证书，可以将它与需识别的学历证书进行对比，这样一般可以发现学历证书的真伪。如果假学历证书做工精细，并且没有真学历证书进行参照，可以使用其他方法来进行识别。

2. 提问法

通过提问来鉴别学历证书的真假是较为有效的方法。面试人员可以就一些专业性的问题对应聘者进行提问，这些问题有的可能非常肤浅，有的甚至是错误的，通过观察应聘者对问题的反应就可以初步判断学历证书的真伪。

面试人员提问时可以采用"步步紧逼法",对其中的细节问题进行连续追问,查看应聘者的回答是否前后一致,是否符合逻辑。

3. 核实法

如果通过观察法和提问法都没有办法确定学历证书的真伪,可以采用核实法。现在学历证书已进入网络系统,可以通过网络查询。如有特别需要,面试人员还可以与学历证书上标明学校的学籍管理部门取得联系,请求对方协助调查该学历证书的真伪。

4. 试用期法

对于通过筛选的应聘者,企业在与其签订劳动合同时应规定一定的试用,通过试用期间与应聘者的接触,仔细观察、考核应聘者在试用期的表现,一般能辨别出应聘者学历证书的真假。

企业可根据不同的情况,灵活选用鉴别方法对应聘者的学历证书进行鉴别。

关键点提示

企业进行学历证书鉴别时,可以运用以下方法:

1.观察法;2.提问法;3.核实法;4.试用期法。

4.21 如何进行候选人背景调查

工作场景描述

当要对候选人的背景资料进行核实时,可查看。

解读与分析

背景调查是指对候选人的工作经历等相关背景信息进行查证,以确定其任职资格。企业通过背景调查既可以发现候选人过去的不良记录,又可考查其诚实度。

全面审查应聘者的所有资料，有助于挑选出合格的候选人。背景调查已成为众多企业甄选新员工的常用方法。企业进行候选人背景调查时，应掌握以下几点。

1. 确定背景调查的主要内容

（1）学历水平。在应聘中最常见的一种作假方式就是伪造学历证书。很多企业的招聘职位都会对学历提出一定的要求，有些没有达到学历要求的应聘者就会伪造学历证书。因此在招聘中有必要对一个人的教育背景、学历水平进行调查。

（2）工作经历。背景调查的另一个重要方面就是对候选人过去的工作经历进行调查。对候选人过去工作经历的调查应侧重了解其受聘时间、职位和职责、离职原因、薪酬等事项。了解候选人过去工作经历最好的方式就是向其曾经工作过的企业了解，此外还可以向候选人过去的同事、客户了解情况。

（3）过往记录，主要调查候选人过去是否有违法犯罪或者违纪等不良行为。

此外，背景调查还包括调查候选人的信用状况、生活经历等方面。

2. 合理、合法地进行背景调查

为保证背景调查合理、合法，企业要注意以下内容。

（1）确保所核实的资料与招聘职位有关，而且没有侵犯公民隐私权。

（2）搜集背景材料时，所联系的人越多，就越能查出想要隐瞒重要情况的候选人。许多招聘领域的专家建议针对每个候选人索取3~5份背景资料。

（3）如果候选人还没有离职，那么在做背景调查时应该注意技巧，不要给候选人现任职企业留下该候选人将要跳槽的印象，否则对该候选人不利。

（4）如果收到了一份背景资料回复，一定要继续向回复者了解该组织内部的更多情况，并向有交谈倾向的人索取资料，这样会增加获得候选人更多信息的机会。通过关系获取的候选人背景资料有一定的全面性和准确性。

（5）尽量让将来可能成为该候选人直接汇报对象的主管人员来进行资料审查。这样做最重要的原因就是，被要求对其之前的员工进行评论的主管更有可能向与他地位相当的人介绍真实情况。

（6）必要的时候，可以委托专业的调查机构进行调查，因为其会有更加广泛的渠道，并且更加专业。

人力资源工作常见问题清单

背景调查所需要的大部分信息都是公开信息。明智的做法是聘请一位专家，他可以迅速、全面、内行而又合法地做这些调查工作。

背景调查是在员工聘用前对候选人进行的考察，以避免聘用不合适的人员而给企业造成损失，企业在进行调查时一定要注意方式方法。

关键点提示

1. 背景调查的主要内容包括：

（1）学历水平；（2）工作经历；（3）过往记录。

2. 企业进行背景调查时要注意以下事项：

（1）只核实与工作相关的资料；（2）多收集材料；（3）不能影响在职应聘者的利益；（4）力求背景信息全面、准确；（5）专人审查；（6）必要时可委托专业调查机构调查。

4.22 如何做出聘用决定

工作场景描述

当要从候选人之中确定最终聘用人员时，可查看。

解读与分析

在经过一系列的招聘选拔活动后，管理者应该已能确定最终的聘用名单，做出聘用决定。聘用决定涉及以下内容。

1. 确定聘用标准

（1）明确企业决定聘用候选人的依据，是根据其自身的最大潜能还是根据组织的需要，在其能完全适应工作和组织发展潜力等条件中进行偏重选择。

（2）确定是否聘用那些不合格但培训后合格的候选人。

（3）确定新聘用人员的薪酬标准，同候选人的要求进行比较。

2. 选择聘用决定方法

（1）定性诊断法。定性诊断法就是对候选人的各方面胜任特征进行描述性的评价，列举出该候选人的主要优点与不足，然后对各候选人进行比较，最后做出聘用决定的方法。

应用定性诊断法时，管理者在做出决定前要重温候选人所有的资料，然后根据他们对该项工作的理解程度，以及他们之前是否在类似工作中取得过成功做出聘用决定。

（2）定量统计法。与定性诊断法相比，依定量统计法所做的决定更客观些。应用这种方法时，先要辨别最有效的预测因子，然后用统计方法对它们进行加权，将面试、心理测试以及其他过程所得的定量数据，与它们各自的权重结合起来，合计得分最高的候选人将被选中。

3. 明确注意事项

（1）制订合理的聘用标准。有些管理者总是希望能够招聘到最理想的人才，他们会对一群应聘者进行相互比较，选出其中最好的一位，或者总是不做出决定，认为后面还有更好的人选。这种想法往往是不现实的，要本着将适合的人员放到合适位置上的原则来选拔。

（2）尽快做出决定。一个应聘者在找工作或者换工作的时候往往不只对一家企业感兴趣，他很可能面临很多选择，而且越是优秀的人才，面临的选择越多。如果管理者迟迟不能做出聘用决定，那么优秀的人才可能就会另谋高就。

（3）留有备选人员。对于一个职位，初步聘用的人数应该要多于实际聘用的人数。管理者要对初步聘用的人选进行背景调查，与他们讨论薪酬待遇，可能会因一些原因导致管理者最终无法聘用某些人，如没有备选人员，则会影响聘用结果。

聘用是整个员工甄选工作的结果和目的，管理者应该慎重地做出员工聘用决定。

> **关键点提示**
>
> 管理者在做出聘用决定时，应该做到：
> 1.选择适当的聘用决定方法；2.制订合理的聘用标准；3.尽快做出决定；4.留有备选人员。

4.23 如何通知候选人聘用结果

> **工作场景描述**
>
> 当做出聘用决定后，要通知候选人聘用结果时，可查看。

解读与分析

管理者做出最终的聘用决定后，接下来就要将聘用结果通知候选人。通知候选人聘用结果是聘用工作的重要部分，可以分为以下两种形式。

1. 聘用通知

通知候选人被聘用一般通过发送聘用通知的方式，通知的拟订通常要遵循以下原则。

（1）用语贴切、得体，反映出企业的良好形象。

（2）明确候选人报到须知的内容，说明报到时应携带的材料。

（3）注明候选人报到的时间与部门。

2. 未被聘用通知

优秀的管理者不应只注意在那些将要被录用的候选人身上做工作，而忽视了对那些未被聘用的候选人的回复。管理者应该用同样的方式通知未被聘用的候选人。未被聘用对候选人来说是一个不好的消息，如果处理不当，可能会伤害对方的自信心。在通知时应做到以下几点。

（1）最好用书面的方式通知，并且采用统一的表达方式。这样做一方面可以保持形象统一，另一方面，可以做到公平地对待每一位候选人。提前做好未被聘用通知模板能够方便后续工作。

（2）注意内容和措辞。在通知中，首先，要表达对候选人关注本企业的感谢；其次，要告诉候选人未被聘用只是一种暂时的情况，并且要把不能聘用的原因归结为企业目前没有合适的位置，而不要归结为候选人能力和经验等欠缺。通知所使用的语言应该简洁、坦率、礼貌，同时应该具有鼓励性，并表示愿与未被聘用的候选人建立长期联系。

当出现通知被聘用的人不能来企业报到的情况，企业的人力资源部甚至最高领导应主动去电询问，并表明积极的争取态度。如果候选人要求更高的报酬，管理者应该而且必须与他进行进一步的商谈。如果在招聘活动中出现许多应聘者拒聘的情况，应弄清应聘者拒聘的原因。

总之，管理者在通知被聘用者时要说明其报到时需携带的材料和报到的具体时间，而通知未被聘用者时要注意措辞，尽量尊重对方。

关键点提示

1. 拟订聘用通知的原则包括：

（1）用语贴切、得体；（2）明确员工报到须知的内容；（3）注明候选人报到的时间与部门。

2. 通知未被聘用者时应该：

（1）采用书面通知；（2）注意内容和措辞。

人力资源工作常见问题清单

4.24 如何确定新员工入职条件

> **工作场景描述**
> 当做出聘用决定后，要进一步确定新员工的基本入职条件时，可查看。

解读与分析

一般来说，候选人在经过选拔评价，各项能力都符合企业和职位的要求之后，就可以正式进入企业工作，成为企业的新员工了。候选人正式进入该企业工作前，通常需要具备以下几方面的条件。

1. 从原单位辞职

通常来讲，一个员工要想接受一家新企业的聘用，就必须从原单位辞职，与原单位解除劳动合同。

2. 转移档案

新员工的人事档案需要转移到新企业指定的档案管理机构。人事档案是记录和保存员工在社会活动中的经历和德才表现等情况的材料，无论用人企业有无档案管理部门，新聘用员工的人事档案都应该转入企业统一的档案管理机构，以便记录和保存新员工在本企业工作活动中各方面的表现情况。

新员工档案的内容包括以下两部分。

（1）新员工的历史材料：具体包括新员工在进入本企业之前的学习、工作经历与表现。

（2）新员工的招聘材料，即在招聘此新员工时所产生的相关记录，包括：求职申请表、面试记录、招聘通知、工资材料等。

3. 体检合格

大多数企业都会要求新聘用的员工参加身体检查，以确保身体条件符合所从事工作的要求。企业要根据国家法律法规和有关规定确定员工的身体条件是否适合职位需求，不能违反相关法律法规，出现歧视特定人群的行为。

之后，管理者就可以为合格候选人办理正式的入职手续了。

关键点提示

新员工入职的基本条件：

1.从原单位辞职；2.转移档案；3.体检合格。

4.25 如何处理特殊人员的聘用问题

工作场景描述

当要详细了解聘用特殊人员的方法时，可查看。

解读与分析

有时管理者会面对一些特殊的应聘者，在对特殊人员进行聘用时，一定要遵守国家的法律法规，一般应注意以下内容。

1. 禁止使用童工

（1）《禁止使用童工规定》明确规定：禁止国家机关、社会团体、企业事业单位和个体工商户、农户、城镇居民使用童工；禁止各种职业介绍机构以及其他单位和个人为未满16周岁的少年儿童颁发个体营业执照；父母或其他监护人有义务保障未满16周岁的子女不被非法招用为童工。

（2）特殊情况。文艺、体育和特种工艺单位，确需招用未满16周岁的文艺工作者、运动员和艺徒时，须报经县级以上（含县级）劳动行政部门批准，并保障其接受义务教育的权利。

2. 妇女与男子享有平等就业权利

《中华人民共和国劳动法》规定：妇女享有与男子平等的就业权利。在录用员工时，除国家规定不适合妇女的工种或岗位外，不得以性别为由拒绝录用妇女或者提高对妇女的录用标准。

3. 聘用我国港、澳、台人员的规定

企业聘用我国港、澳、台人员时需满足以下条件。

（1）需聘用我国港、澳、台人员的岗位是用人单位有特殊需要，且内地（大陆）暂缺适当人选的岗位。

（2）有劳动部门所属职业介绍机构开具的、在辖区内招聘不到所需人员的证明，或在劳动部门指导下进行公开招聘三周以上仍未招聘到合适人员的证明。

4. 外籍员工聘用条件

在外国人来华工作前，中国企业的人事部门至少要提前1个月准备其来华的受聘工作事项。

（1）来华工作的外国人，除了要满足聘用单位的具体录用标准外，还必须符合下列通用条件。

①年满18周岁，身体健康。

②具有从事其工作所必需的专业技能和相应的工作经历。

③无犯罪记录。

④持有有效护照或能代替护照的其他国际旅行证。

（2）管理者在确定了外籍员工的人选后，还要为其办理以下入境事宜。

①申请就业许可证。就业许可证是国家劳动行政部门批准用人单位聘用外国人的法律文件。来华工作的外国人入境后，用人单位应为其办理就业许可证。

②申请居留证。获得就业许可证的外国人在入境后30天内，须到公安局外国人出入境管理处申请办理居留证。

③个人用品入境。来华工作的外国人随身携带的物品入境时须向海关申报，履行清关手续。

管理者在聘用以上特殊人员时，一定要遵守国家法律法规，以避免产生不必要的法

律纠纷。

> **关键点提示**
> 企业在聘用特殊人员时应该注意：
> 1.禁止使用童工；2.男女平等对待；3.遵守聘用我国港、台、澳人员的规定；
> 4.遵守外籍员工聘用条件。

4.26　如何对招聘效果进行评估

> **工作场景描述**
> 当要掌握招聘效果评估的基本方法时，可查看。

解读与分析

管理者有必要对招聘工作的效果进行评估。招聘效果评估主要涉及以下方面。

1. 应聘者数量

一场成功的招聘活动能够吸引来大量可供选择的应聘者，因此，应聘者数量应作为评价招聘工作的基础。管理者应考核应聘者的数量是否足以填满职位空缺。

2. 应聘者质量

除了应聘者数量以外，另一个应关注的事项是应聘者中符合工作规范要求者是否足以填满职位空缺，应聘者的质量比数量更加重要。

3. 平均聘用成本

平均聘用成本因所需填补的职位数量以及成功招聘的员工数量而异。填补一个职位空缺的成本还需考虑人员接替率和工资成本。

4. 招聘部门的工作效率

（1）负责招聘的人员是否花时间与企业其他部门的经理一起讨论了他们对应聘者

的要求？合格的招聘人员会花相当多的时间来了解空缺职位的情况，同时，用人部门应该明确提出本部门职位所需要的关键工作技能。

（2）招聘部门的反应是否迅速？接到用人要求后能否在短时间内找到有希望应聘成功的候选人？真正高效的招聘部门应该了解其他企业中干得出色的人并拥有各种候选人的资料。这就需要企业内部其他职能部门平时就为招聘人员提供相关信息。

（3）招聘部门能否及时安排面试？当今人才市场中的竞争异常激烈，许多应聘者常常在很短的时间内就要决定自己是否接受新的职位。如果企业总是推迟面试，会使候选人觉得自己并不是企业关注的人选，也使招聘人员觉得自己的工作没有受到重视。

管理者应该从应聘者数量和质量、平均聘用成本、招聘部门的工作效率等多方面进行评估。

关键点提示

招聘效果评估涉及：

1.应聘者的数量和质量；2.平均聘用成本；3.招聘部门的工作效率。

4.27 如何对甄选聘用成本进行评估

工作场景描述

当对甄选聘用成本进行估算时，可查看。

解读与分析

甄选聘用成本是评估甄选聘用效率的一个重要指标。如果成本低，聘用人员质量高，就意味着效率高；反之，则意味着效率低。管理者可以从以下几个方面对甄选聘用成本进行评估。

1. 评估招聘成本

招聘成本分为招聘总成本与招聘单位成本。招聘总成本是为引入企业所需的人力资源而花掉的费用，主要包括招聘人员的直接劳务费用、直接业务费用、间接费用等，还包括吸引未来可能成为企业成员的人选的费用。招聘单位成本是招聘总成本与录用人数之比。

2. 评估选拔成本

选拔成本是对应聘人员进行鉴别选择，以决定录用或不录用这些人员所支付的费用，包括以下几方面工作所花费的费用。

（1）初步筛选。

（2）汇总候选人资料。

（3）笔试。

（4）面试。

（5）各项心理测试和专业测试。

（6）候选人体检。

3. 评估聘用成本

聘用成本是指经过招聘选拔后，把合适的人员聘用到企业中所支付的费用。聘用成本包括手续费、调动补偿费、搬迁费和路途补助费等由聘用引起的有关费用，计算公式如下：

$$聘用成本=手续费+调动补偿费+搬迁费+路途补助费$$

4. 评估安置成本

安置成本是安置已被聘用的员工到具体的工作岗位上所支付的费用。安置成本包括为安排新员工的工作所必须支付的各种行政费用，为新员工提供工作所需要的装备而支付的费用，以及聘用部门因安置员工所损失的时间成本，计算公式如下：

$$安置成本=行政费用+必需装备费+时间成本$$

管理者只有通过进行甄选聘用成本评估，才能确定工作效率，了解每个环节的花费情况，以便进行改进。

> **关键点提示**
>
> 管理者进行甄选聘用成本评估时应该：
> 1.评估招聘成本；2.评估选拔成本；3.评估聘用成本；4.评估安置成本。

4.28 如何对聘用人员进行评估

> **工作场景描述**
> 当要了解聘用人员是否符合企业的用人需求时，可查看。

 解读与分析

聘用人员评估是指根据招聘计划对聘用人员的质量和数量进行评价的过程。

对经过甄选最后聘用的人员，管理者还应该进行评估，判断聘用人员是否真的满足工作的要求。管理者可以从以下几个方面进行评估。

1. 聘用人员的工作能力应与职位要求相匹配

聘用人员的工作能力不能过低，但也不宜超出太多，应与职位要求相匹配，一般以满足工作要求的80%为优。

2. 评估聘用人员的合作精神

判断聘用人员能否与他人融洽相处，是否具备亲和力和协作精神，目前团队协同作战对于企业而言非常重要。

3. 评估聘用质量

（1）聘用比：

$$聘用比=聘用人数/应聘人数\times100\%$$

聘用比越小，相对来说聘用者的素质越高。

（2）应聘比：

$$应聘比=应聘人数/计划招聘人数 \times 100\%$$

应聘比越大，说明招聘信息发布的效果越好。

（3）招聘完成比：

$$招聘完成比=聘用人数/计划招聘人数 \times 100\%$$

如果招聘完成比等于或大于100%，说明在数量上全面或超额完成了招聘计划。

管理者通过对聘用人员进行评估，不仅可以判断这些人员满足工作需要的程度，还可以对自己的工作进行恰当的评价。

关键点提示

管理者对聘用人员进行评估时要做好以下工作：

1.判断聘用人员的工作能力与职位要求是否匹配；2.评估聘用人员的合作精神；3.评估聘用质量。

4.29　如何对甄选聘用测试的信度进行评估

工作场景描述

当无法对甄选聘用的可靠性进行评估时，可查看。

解读与分析

信度又称可靠性，是指测试的可靠程度和客观程度，即测试得分在不同的时间和采用不同的方法时，取得一致结果的程度。

企业在甄选聘用员工的过程中，会对应聘者进行不同的测试，通过测试来确定聘用人选。那么测试的可靠性如何？这就需要进行信度评估。信度评估可采用以下方法。

1. 再测信度评估

再测信度评估即在两个不同的时间点对同一个人实施同一测试,然后考查第一次测试所得的分数与第二次测试所得分数之间的相关度。如果两次测试所得分数之间的相关度很低,那么就说明该测试工具不具有一致性,因而是不可靠的,其测试结果自然也不可靠。

2. 复本信度评估

复本信度又称为稳定性系数,它的计量方法是重测法:用不同的测试方法,在不同时间对同一群体测试两次,这两次测试所得分数的相关系数即复本信度。同再测信度评估相比,它存在以下优点。

(1)由于测试的内容不同,被试者对第一份试卷的回忆和复习并不影响第二次测试。

(2)第二次测试的内容并不是第一次的重复,被试者的兴趣也不一定降低。

(3)适用于进行长期追踪研究或调查某些干涉变量对测试结果的影响。

(4)减少了辅导或作弊的可能性。

虽然复本信度评估有这么多优点,但是设计试题时在使两次测试完全平行等值方面难度很大。

3. 内部一致性信度评估

内部一致性信度主要反映的是测试题目之间的关系,考查测试的各个题目是否测量了相同的内容或特质。假如测试分为几个项目,这几个项目对测试对象的不同方面进行测评,实施测试后统计分析这几个项目所反映的总差异程度,就是内部一致性信度。

常用的一种方法是将试卷一分为二,然后计算一半试卷与另一半试卷之间的相关系数,其结果也称对半信度、折半信度或分半信度。

信度系数是在0~1之间的数字,通常能力测试的信度系数应在0.90以上,人格测试的信度系数应在0.80以上,当信度系数低于0.70时,不能使用该测试进行评估。

总之,管理者应该选择合适的信度评估方法,尽量减少或避免信度影响因素的影响,保证评估结果准确。

> **关键点提示**
>
> 甄选聘用信度评估的方法有：
> 1.再测信度评估；2.复本信度评估；3.内容一致性信度评估。

4.30 如何对甄选聘用测试的效度进行评估

工作场景描述
当要对甄选聘用测试的准确性进行评估时，可查看。

解读与分析

效度是指测试的有效性或者准确性，是指一种评判技术的评判结果与它所要衡量的对象的相符程度。也就是说，这种技术是否准确测定了它要测定的东西？是否实现了它所要实现的测评目标？也就是测试绩效与实际工作绩效之间的相关程度是否合理。

效度同信度一样，是重要的评估指标。管理者需要对甄选聘用中使用的测试进行准确性评估。

1. 评估内容效度

内容效度是指一份试卷所设计的项目、提出的问题或设置的难题代表实际的工作情景或反映工作中存在的典型问题的程度，所测量的内容与它应该测量内容的相关性。

内容效度主要通过专家的判断来进行评估。将内容效度加以量化的指标之一，是内容效度比率（CVR）。其具体方法是：将从事某种工作的专家召集在一起，让他们对每一项测试（或测试项目）进行审查，然后根据每一项测试（或测试项目）所测出的被试者的技能或知识对于工作而言是否必要来对测试进行分类。

内容效度比率公式如下：

$$CVR = \frac{N_e - N/2}{N/2}$$

式中，CVR——内容效度比率；

N_e——将项目评为"必要"的人数；

N——参加评价的总人数。

（1）$0 < CVR \leq 1.0$，说明认为项目"必要"的专家比认为"不必要"的专家多，该项目为"必要"的可能性较大。

（2）$-1.0 \leq CVR < 0$，说明认为项目"不必要"的专家比认为"必要"的专家多，该项目为"不必要"的可能性较大。

（3）CVR=0，说明参加评估的专家分歧严重。

一般来说，内容效度的评估不适用于能力倾向测试和人格测试。能力倾向测试和人格测试不太要求与所取样的行为领域具有内在相似性，其测试题目的选择更多地受某种假设的指导，这种假设的正确与否多半由测试的其他效度形式来确定。

2. 评估构想效度

构想效度是指一次测试所要测试的被试者的能力符合有关理论所假设能力的程度。构想效度通常针对一些抽象的、假设性的概念或特质，这些构想往往无法直接观察，但是每个构想都有其心理上的理论基础和客观现实性，都可以通过各种可观察的材料加以确定。

构想效度关注的问题是测试是否正确反映了理论构想的特性，例如，一项数学能力测试能否真正测试出被试者的数学能力，是否对理论概念中包含的所有项目（如计算速度、数理关系等）都进行了测试。

一般而言，确定一个测试的构想效度时，首先要建立理论框架，以解释被试者在测试上的表现；其次，依据理论框架，推演出各种有关测试成绩的假设；最后，以逻辑和实证的方法来验证假设，根据累积的材料确定这种理论能否恰当地解释现有材料，如果不能恰当解释，则应该修正。

3. 评估预测效度

预测效度是指预测的准确程度。评估预测效度，目的是在聘用员工之前的测试分数与聘用之后的员工实际工作绩效之间建立一种经验联系。对那些被聘用的人，在将来的一个比较长的时期内，需要仔细收集他们的工作表现资料，同时将这些表现与他们在新的测验中的成绩进行比较，如果发现在工作表现和成绩之间具有很强的相关性，则说明可以使用这种测试。

4. 评估同时效度

同时效度是指研究工具与现有标准之间的相关性。评估同时效度，即对已经处在工作岗位上的员工进行测试，然后考查测试所得到的测试分数与这些被测者在目前岗位上的工作绩效之间的相关关系。

要保证测试的高效度，管理者应注意以下几个方面。

（1）增加测试时间和试题数量。

（2）提高试题质量。

（3）创造良好的测试环境。

管理者应综合评估甄选聘用测试的效度，尽量减少效度影响因素的影响。

> **关键点提示**
>
> 甄选聘用测试效度评估的内容有：
> 1.评估内容效度；2.评估构想效度；3.评估预测效度；4.评估同时效度。

4.31 如何确定内部晋升制度的制订基础

> **工作场景描述**
>
> 当需要了解内部晋升制度的制订基础时，可查看。

内部晋升制度需要建立在以下基础之上。

1. 建立完善的职位体系

企业应建立完善的职位体系，以指明职位晋升渠道，以及职位之间的轮换机制。在职位体系中需要确立各个职位的任职资格，内部晋升应该以任职资格为依据。

2. 建立员工职业生涯规划体系

在每次进行绩效评估的时候，不但要对员工的工作目标完成情况进行评估，还要对员工的工作能力进行评估，建立员工绩效档案。同时，要不断了解员工个人的职业发展愿望，帮助员工进行职业生涯规划。在帮助员工进行职业生涯规划时，企业需要做好以下工作。

（1）帮助员工做自我审视，让员工充分了解自己的条件和身处的环境。

（2）帮助员工确立目标。

（3）帮助员工制订行动计划并进行计划再评估。

企业可以通过以上工作，并根据员工的发展愿望和现实可能性，进行岗位的有序轮换，或将有潜力的、业绩优秀的员工加以晋升。

3. 建立员工轮岗接替体系

为使有发展前途和意愿的员工提高工作能力，同时为了使企业内部的晋升有序进行，企业可以建立一个接班人计划，确定一些重要职位可能的候选人，评估他们可能获得晋升的时间，并跟踪评估这些候选人的工作绩效，对他们的晋升潜力做出评价。一旦这些重要职位发生空缺的时候，就可以将最有潜力的候选人补充上去。

企业应该做好上述工作，充分体现对员工发展愿望的关注，提升员工的忠诚度，增强员工的归属感。

关键点提示

内部晋升制度的制定基础包括：

1.建立完善的职位体系；2.建立员工职业生涯规划体系；3.建立员工轮岗接替体系。

4.32 如何进行内部职位公告

> **工作场景描述**
> 当要了解内部职位公告的操作步骤和方法时，可查看。

解读与分析

内部职位公告是企业进行内部招聘的普遍方法，将职位空缺向企业内部各部门公开发布，并列出工作的特性，如任职资格、工作时间、薪资等级等。对于具备任职资格的员工，企业可以通知他们提交正式的申请或者在职位申请表上签名，参与对该职位的竞争。具体操作如下。

1. 确定员工申请资格

在企业中，所有通过试用期而成为正式员工的人，都有资格申请任何公开的内部招聘职位。如果企业同时进行多个职位的招聘，则要求每一个员工一次只能申请一个职位。

2. 确定职位公告覆盖范围

管理者应该保证企业内的每一个员工都知道有关内部招聘职位的信息。人力资源部应该负责让职位公告在公告栏上保留一定时间，可以是半个月或一个月。在申请期间，人力资源部应该准备足够的申请表与该职位的详细资料，提供给应聘者。

3. 确定职位公告内容

职位公告应全面、准确地提供有关职位的资料，提出对应聘者的任职资格要求。企业可根据该职位的职位说明书，或部门主管的特殊要求确定公告内容。人力资源部在招聘期间，应该负责解答员工提出的有关疑问。

4. 确定职位公告时间安排

企业应该根据具体情况来确定职位公告时间的长短，这样让所有的员工都有机会了解空缺的职位并做出反应。如企业有比较多的分厂（分公司）或者在全国范围内经营，就应该留有足够多的时间进行职位公告。

5. 确保内部职位公告工作公正、公开

管理者必须让所有员工都知道内部职位公告工作是怎样开展的，在进行筛选和录用时，应本着公开和公正的原则，避免有人为偏向的情况出现。

6. 进行充分的交流和协调

管理者要告知职位的申请者，应该让自己的主管或经理知道自己正在申请某个职位。如果要进行内部聘用，企业还应该通知该员工原来的主管。这样不仅可以避免产生使用人才方面的争执，还可以从主管那里了解该员工的情况。人力资源部应该通知每一个提出申请的员工，告诉他们是否获得了申请的职位，对落选的员工要客气地说明原因，感谢并鼓励他们，希望他们继续努力，下次再提出申请。

为了保证内部招聘的质量，参加内部应聘的员工要像外部招聘的候选人一样，要通过选拔评价程序，经过选拔评价后符合任职资格的员工才能予以录用。为了保证正常的工作秩序，员工应聘内部职位前必须要经过主管领导的同意。员工一旦应聘成功，企业应该给予员工一定时间做好工作交接。

内部职位公告是常用的内部人员招聘方法，既要使公告内容准确具体，又要保证内部招聘公正、公开地进行，这样才会取得理想的效果。

关键点提示

企业进行内部职位公告时应该做到以下几点：

1.确定员工申请资格；2.确定职位公告覆盖范围；3.确定职位公告内容；4.确定职位公告时间安排；5.确保内部职位公告工作公正、公开；6.进行充分交流和协调。

4.33 如何保证员工推荐方式的有效性

> **工作场景描述**
> 当要通过员工推荐方式进行员工甄选时,可查看。

解读与分析

员工推荐又叫熟人介绍,是企业最常见的招聘方式之一,同时也是一种很有效的招聘方式。

1. 员工推荐方式的优、缺点

员工推荐方式有以下两个优点。

(1) 员工在推荐候选人时,对企业的要求和候选人的条件都有一定的了解,会先在自己心中进行一次筛选,从而为企业招聘员工节省了一定的时间和成本。

(2) 被推荐者通过推荐者可以对企业有比较现实和准确的了解,在一定程度上避免了因企业和应聘者之间文化、观念等的巨大差异而导致的招聘失败。

当然,员工推荐也有缺点,例如,作为推荐者的员工,通常会认为被推荐者的表现与自己的利益有关,只有在他们认为被推荐者不会给他们带来不好的影响时,才会主动推荐他人。

2. 保证推荐方式有效性的方法

员工推荐是一种非常有效的方式,但怎样才能保证其有效性呢?企业需要做好以下几点。

(1) 推荐者和被推荐者都不应当仅仅局限于企业内部。在人员推荐上,企业可采用多种形式。

①内部员工推荐内部员工。

②内部员工推荐外部人员。

③外部人员推荐外部人员。

④外部人员推荐内部员工。

⑤员工自荐。

（2）加大对推荐者的评估。推荐者的水平和可信任度是评估被推荐者能否胜任空缺岗位时的重要影响因素。因此，企业在采用这种方式时，应加大对推荐者的评估。

（3）设定合理的聘用流程。被推荐来的人员比其他形式产生的人员可能更符合企业空缺岗位的需要，但这并不是说凡是被推荐来的人员就一定能满足企业的需要。因此，设定合理的聘用流程对被推荐者进行考查，是保证最终招聘成功和有效的关键。

总之，员工推荐是一种最常用的、有效的招聘方式之一，如果企业使用得当，会取得理想的效果。

关键点提示

要保证员工推荐方式的有效性，企业应当做到以下几点：

1.采用多种推荐形式；2.加大对推荐者的评估；3.设定合理的聘用流程。

第5章

劳动合同订立工作常见问题

劳动合同是用人单位和员工的书面约定。劳动合同的相关工作是人力资源部门工作的主要组成部分。在日常工作中，企业应加强对员工劳动合同相关业务的规范化和制度化管理。

5.1 如何确定订立的劳动合同是否符合法律规定

工作场景描述
当需要明确劳动合同中规定的双方当事人的权利义务是否符合法律规定时，可查看。

解读与分析

劳动合同是企事业单位（以下统称用人单位）与员工之间权利义务的书面确认形式，用人单位在订立劳动合同之时应保证劳动合同合法有效。为使劳动合同符合法律的规定，用人单位应该做到以下几点。

1. 订立劳动合同时应平等自愿、协商一致

订立劳动合同时，用人单位与员工应经过相互选择和平等协商，就劳动合同的条款达成一致意见。

（1）订立劳动合同的双方应当是平等的。在订立劳动合同时，用人单位有权确定自己录用员工的条件和资格，员工同样有权选择将要与之订立劳动合同的用人单位，并就合同内容表达自己的意见和建议。

（2）订立劳动合同的双方应当是自愿的。劳动合同的订立应当完全出于双方当事人的真实意思，用人单位不能强迫员工接受并订立劳动合同，第三方当事人也不得进行非法干涉。

（3）订立劳动合同的双方应当协商一致。双方应当在自愿、平等的基础上订立劳动合同，充分自主地表达自己的真实意思，进行平等协商，就合同条款达成一致。

2. 订立劳动合同的员工应当符合法定条件

（1）订立劳动合同的员工必须具有民事行为能力。

（2）订立劳动互动的员工应当具有劳动能力。由于所订立的劳动合同必须由员工亲自履行，因此，员工必须具有劳动能力。

人力资源工作常见问题清单

（3）用人单位所录用的员工不应与其他单位间存在劳动关系。如员工与其他单位间仍保持劳动关系，则该员工不具备订立劳动合同的主体资格。用人单位不应与该员工订立劳动合同，以避免承担相应的法律责任。

另外，《中华人民共和国劳动法》规定公民的最低就业年龄是16周岁，因此，用人单位应避免聘用未满16周岁的人；文艺、体育和特种工艺单位招用未满16周岁的未成年人，必须经县级以上劳动行政部门批准，并保障其接受义务教育的权利。

3. 劳动合同的内容必须合法

劳动合同的各项条款必须符合国家法律、行政法规的规定，尤其是强制性和禁止性的规定。

4. 订立劳动合同的程序和形式必须合法

订立劳动合同的程序和形式，必须符合法律、行政法规的规定。劳动合同应以书面的形式订立。

劳动合同只有当事人主体符合条件，内容、程序、形式合法，才能产生法律效力，对用人单位和员工产生相应的法律约束力。

关键点提示

用人单位订立的劳动合同应符合以下法律规定：

1.订立劳动合同时应平等自愿、协商一致；2.订立劳动合同的员工应当符合法定条件；3.劳动合同的内容必须合法；4.订立劳动合同的程序和形式必须合法。

5.2 如何确立劳动合同签订的程序

工作场景描述

当对订立劳动合同的程序不了解时，可查看。

解读与分析

用人单位与员工订立劳动合同时一般需遵循相应的程序。根据《中华人民共和国劳动法》的规定，为最大限度地保护员工和用人单位双方的利益，签订劳动合同时必须通过协商，就合同的主要条款达成一致意见。日常工作中，订立劳动合同要遵循以下程序。

1. 提出订立劳动合同的意向

用人单位准备录用人员时，可以通过招工简章、招聘公告、报刊、广播、电视广告、网络等表明订立劳动合同的愿望，明确订立劳动合同的条件。用人单位应向员工如实介绍本单位的具体生产经营情况、规章制度，说明对所要聘用人员的要求，以及相关的工作条件、工作内容、劳动报酬、劳动保护等内容。用人单位也有权要求应聘的人员详细介绍其个人情况，提供个人的身份证和学历、健康状况、工作经历等证明，并加以比较、衡量，确定将要聘用的人员。

2. 进行录用人员的考核

用人单位发出招聘消息后，会对应聘人员进行考试、考核和体格检查。如应聘人员只有应聘表示而无实际的应聘行为或应聘行为不符合用人单位规定的条件，用人单位可不与其签订劳动合同。用人单位通过对应聘人员进行考试、考查，认为其符合规定的要求，能够胜任用人单位的工作岗位，则可以录用。

3. 劳动合同的拟订

用人单位确定将要聘用的人员后，应与该人员就所要订立的劳动合同的内容在平等、自愿的基础上进行协商。用人单位可以根据本单位的情况事先起草劳动合同草案，经与该员工协商后，就劳动合同的条款达成一致意见，或与该员工协商确定劳动合同条款。劳动合同的内容应包括劳动合同期限、工作内容、劳动保护和劳动条件、劳动报酬、劳动纪律、劳动合同终止的条件和违反劳动合同的责任。在协商的过程中，用人单位与该员工都有权对劳动合同草案的有关条款进行修改。只有就合同条款达成一致意见以后，双方才能签订合同，否则，将可能导致合同无效或无法履行。

4. 劳动合同的签订

在劳动合同的内容确定之后，用人单位与员工分别签字、盖章，合同即告成立。用人单位在劳动合同中应加盖法人合同专用章并署上法定代表人的姓名。员工应当亲自签字、盖章。如由他人代签合同，应有该员工的书面委托或事后的及时追认。否则，劳动合同对员工不产生法律效力。如果法律法规要求劳动合同的订立必须备案和签证，则只有在向劳动行政主管部门备案或签证后，劳动合同才产生法律效力。

劳动合同必须以书面的形式订立。但在实际工作中仍存在大量的以口头形式订立劳动关系的情况。为避免在劳动合同履行的过程中发生争议以及在劳动争议发生后便于举证，用人单位应与员工订立书面的劳动合同。

遵循法定的程序订立劳动合同，才能保证用人单位和员工有充分的时间进行协商，使劳动合同成为双方意思的真实体现，以更好地保障双方的利益。

关键点提示

劳动合同的订立应遵循以下程序：

1.用人单位提出订立劳动合同的意向；2.用人单位进行录用人员的考核；3.劳动合同的拟订；4.劳动合同的签订。

5.3 如何拟订劳动合同的内容

工作场景描述

当要拟订劳动合同的内容时，可查看。

解读与分析

劳动合同是用人单位与员工明确在工作过程中双方的权利和义务的重要法律文件。因此，在签订劳动合同之前，双方当事人应就劳动合同的具体内容协商一致。《中华人民共和国劳动法》规定，劳动合同必须具备法定的条款，同时也可以就其他事项约定补充条款。

1. 劳动合同的法定条款

法定条款是法律规定劳动合同应当具备的条款，主要包括以下几个方面。

（1）劳动合同的期限。劳动合同的期限是合同约定的劳动关系的期限。劳动合同的期限可以分为固定期限、无固定期限和以完成一定的工作为期限。用人单位可以与员工协商选择具体采用的合同期限类型，并确定最终的工作期限。

（2）劳动合同的工作内容。劳动合同应明确员工所要从事的工作，包括工作岗位、任务和要求。用人单位可以视本单位的实际情况对工作任务和工作定额做出具体或原则性的规定，对工作的时间、地点、方法和范围进行协商确定。

（3）劳动保护和劳动条件。用人单位在劳动合同中应明确其为了保障员工在劳动过程中的身体健康与生命安全，预防伤亡事故和职业病的发生而将采取的有效保护措施。劳动合同对劳动保护和劳动安全的约定，以不使员工的生命安全受到威胁、身体健康受到侵害为前提条件。同时，劳动过程对劳动条件有特定要求的，用人单位应在劳动合同中明确保证将提供的劳动条件。

（4）劳动报酬。劳动报酬是劳动合同的核心内容，应包括工资、奖金和津贴。用人单位与员工应就工资标准或工资的计算办法、工资的支付方式、奖金与津贴的获得条件及标准达成一致。约定的工资标准不得低于当地的最低工资标准，也不得低于用人单位集体合同中规定的最低工资标准。另外，工资支付的期限和形式不得违背有关法律法规的要求。

（5）劳动纪律。在劳动合同中，一般都明确规定员工必须遵守国家有关劳动纪律的法律法规和用人单位内部的规章制度。

（6）劳动合同终止的条件。用人单位可以结合本单位的实际情况，经协商，在劳动合同中将一定情形的发生作为合同终止的条件。约定的条件一旦具备，劳动关系即终止。

（7）违反劳动合同的责任。用人单位可在劳动合同中对违反劳动合同的责任承担问题做出具体约定，包括支付违约金、赔偿损失或采取其他的补救措施等承担违约责任的方式，同时，也可以规定免予承担法律责任的事项。

2. 劳动合同的补充条款

在法定条款之外，用人单位可以根据本单位的具体情况和员工所从事的岗位的特殊性，与员工就需要明确双方权利义务的事项，在劳动合同中约定补充条款。

（1）试用期。用人单位为对员工进行了解和选择，对初次就业或再就业时改变工作岗位、工种发生变化的员工，可以在劳动合同中规定试用期，以考查员工是否符合录用条件。

（2）保密条款和竞业禁止条款。用人单位可以在劳动合同中约定，员工对在工作中所掌握的本用人单位的商业秘密，有义务不予披露且不在本职务之外用于与本工作无关的其他用途。也可以约定员工在劳动关系存续期间或离职后的一段时间内，员工不得从事有竞争关系的工作。

商业秘密是指不为公众所知悉，能为权利人带来经济利益，具有实用性并经权利人采取保密措施保密的技术和经营信息。

（3）其他可以约定的事项。由于用人单位所从事的经营业务不同，员工所从事的工作千差万别，因此，用人单位根据本单位的具体情况，还可就其他需要约定的事项与员工协商，并在劳动合同中予以明确规定。

订立劳动合同的目的在于明确双方的权利、义务，因此，劳动合同的内容应主要对用人单位和员工在劳动过程中所可能享有的权利和义务加以明确。由于用人单位的特殊情况而要求双方承担的义务，更应在劳动合同中予以规定。

关键点提示

1. 劳动合同的法定条款包括：

（1）劳动合同的期限；（2）劳动合同的工作内容；（3）劳动保护和劳动条件；（4）劳动报酬；（5）劳动纪律；（6）劳动合同终止的条件；（7）违反劳动合同的责任。

2. 劳动合同的补充条款有：

（1）试用期；（2）保密条款和竞业禁止条款；（3）其他可以约定的事项。

5.4 如何确定劳动合同期限

> **工作场景描述**
> 当要确定恰当的劳动合同期限时，可查看。

解读与分析

劳动合同期限是劳动合同内容的重要组成部分，企业应按照法律规定和本企业的情况进行确定，一般要确定以下内容。

1. 确定法定条款中的劳动合同期限

（1）固定期限的劳动合同。此种劳动合同是双方当事人订立劳动合同时明确约定合同起始和终止时间的劳动合同，也称定期劳动合同。这是最常见的劳动合同形式。

（2）无固定期限的劳动合同。这种合同也称无定期劳动合同，是指双方当事人不规定合同终止日期的劳动合同，在劳动合同书上只写明合同生效日期，没有规定合同终止日期。订立无固定期限的劳动合同时，除遵守法律、法规相关规定外，双方当事人应当约定变更、解除、终止合同的条件。只要不出现解除、终止劳动合同的条件，员工就可以长期在一个单位工作。

（3）以完成一定工作为期限的劳动合同。此种合同是指双方当事人将完成某项工作或工程的日期作为合同终止日期的劳动合同。当某项工作或工程完成后，劳动合同自行终止。

2. 确定约定条款中的试用期限

（1）适用范围。对初次就业或再就业时改变工作岗位、工种发生变化的员工，劳动合同中可以约定试用期；工作岗位或工种没有发生变化的员工，在同一个用人单位只能试用一次。

（2）最长期限。劳动合同期限在6个月以上1年以下、1年以上2年以下、2年以上的，其试用期分别不得超过15日、60日、6个月。

企业在确定劳动合同期限时，既要遵守国家法律法规，又要结合企业自身的要求。

关键点提示

企业确定劳动合同期限时，应该：

1.确定法定条款中的劳动合同期限；2.确定约定条款中的试用期限。

5.5 如何保证劳动合同的履行

工作场景描述

当希望避免因不正确履行劳动合同而发生争议时，可查看。

解读与分析

劳动合同依法订立后，用人单位与员工都应当认真履行劳动合同。只有双方各自履行自己的义务，才能保证劳动合同的正常履行，促进用人单位向前发展。

1. 员工应当亲自履行劳动合同

用人单位在对员工的情况进行详细考查后，认为员工能够胜任用人单位的工作，才会与其签订劳动合同。因此，只有员工亲自履行劳动合同，才能使用人单位签订劳动合同的目标得以实现。这就决定了员工必须亲自履行劳动合同，而不得由他人代为履行。他人代员工履行劳动合同，不视为员工已履行劳动合同，员工仍应承担违约责任。

2. 员工应全面履行劳动合同

劳动合同中的各项条款有着内在的联系，是不可分割的统一整体，对员工正确履行劳动合同、完成用人单位交给的工作任务有着重要的意义。因此，员工不得分割履行劳动合同的某一条款或某些条款，甚至不按合同约定履行劳动合同。员工必须按劳动合同中所约定的工作内容、工作时间、工作地点和工作方式，全面履行劳动合同。只有员工全面履行劳动合同，才能保证用人单位的利益。

员工履行劳动合同时以劳动合同约定的范围为限。在劳动合同未变更时，用人单位不得安排员工从事劳动合同中约定的工作内容以外的工作。但在紧急情况下，为避免发生危险事故或进行抢修等，用人单位可以安排员工临时从事劳动合同中约定的工作内容以外的工作。

3. 员工在履行劳动合同的同时享有一系列权利

员工在履行劳动合同时，承担合同的义务并享有一系列的权利。但员工的权利是在劳动过程中获得的，其权利义务不可分割。员工未履行其义务将导致其权利的削弱或减损。用人单位对员工享有请求其适当履行劳动合同的权利，员工也有权请求用人单位保障员工权利的获得。因此，作为劳动合同当事人的员工与用人单位，都应适当履行其义务，正确行使其权利，保证劳动合同的顺利履行。

当出现当事人不能预见的客观事件并使合同的履行产生困难时，用人单位和员工应本着相互配合和协调的精神，就有关事项尽快达成一致意见，克服合同履行中的困难，保证合同得以顺利履行。

4. 用人单位应协助员工履行其劳动义务

员工履行劳动合同的过程是运用其劳动能力劳动的过程。在员工履行劳动合同的过程中，用人单位应为员工履行劳动合同提供必要的劳动条件和各种便利，以协助其完成各项工作，实现共同的经济利益。员工履行合同过程中产生困难时，用人单位应在允许和可能的范围内予以帮助。如果用人单位没有为员工履行劳动合同提供必要的协助，致使其不能完全履行劳动义务，则员工不构成违约，用人单位也不能因此要求其承担违约责任。员工违反用人单位的规章制度，用人单位应督促其改正，并尽量防止和减少损失。

5. 劳动合同内容不明确时员工仍应履行

对于劳动合同中内容不明确的条款，双方应当先依法确定其具体内容，然后予以履行。用人单位内部劳动规则有明确规定的，按该规定履行；用人单位内部劳动规则未做明确规定的，则按集体合同的规定履行；集体合同未做明确规定的，按有关劳动法规和政策的规定履行；劳动法规和政策仍无明确规定的，按本行业的惯常做法履行。

6. 员工未适当履行劳动合同应承担违约责任

劳动合同的不完全履行、部分履行与劳动合同的不履行都属于违约行为，员工应当承担违约责任。员工未适当履行劳动合同给用人单位造成经济损失的，应当依法承担赔偿责任；如在违反劳动合同的同时违反了用人单位的劳动纪律，用人单位可视情况给予行政处分或经济处罚；如违约行为情节严重，违反了法律法规的强制性规定，可由司法机关依法追究员工刑事责任。追究员工违反劳动合同的责任时，应根据其过错情节轻重、后果严重程度、责任的大小以及态度的好坏，确定员工所应承担的相应责任。

依法订立的劳动合同对用人单位和员工都有约束力，任何一方都应依照劳动合同的规定，全面、适当地履行劳动合同。

关键点提示

保证劳动合同的正确履行，需要：

1.员工应当亲自履行劳动合同；2.员工应全面履行劳动合同；3.员工在履行劳动合同的同时享有一系列权利；4.用人单位应协助员工履行其劳动义务；5.劳动合同内容不明确时员工仍应履行；6.员工未适当履行劳动合同应承担违约责任。

5.6 如何变更劳动合同

工作场景描述

当因法定情形需要变更劳动合同时，可查看。

解读与分析

在劳动合同的履行过程中，如果由于客观情况的变化而使劳动合同的内容不能完全实现，用人单位可以与员工协商一致后对劳动合同的内容加以修改。

第5章 劳动合同订立工作常见问题

1. 劳动合同订立后可以进行一定的变更

劳动合同订立后，用人单位与员工都应以适当的方式全面履行合同，任何一方不得擅自变更劳动合同。但如果发生一定的法律事实，也可以变更劳动合同。

下列情况下，用人单位或员工可以提出变更劳动合同的要求。

（1）订立劳动合同所依据的法律、法规已经修改或废止。订立劳动合同所依据的法律、法规修改或废止，必然使劳动合同缺乏相应的法律支持，从而使合同的履行欠缺法律的保护与规范。在这种情况下，用人单位或员工都有权提出变更劳动合同的内容。

（2）用人单位经有关部门批准转产、调整生产任务，或者上级主管机关决定改变用人单位的经营范围、方向。当用人单位的经营内容发生变化时，员工的工作内容、性质也将相应发生变化。如用人单位与员工在劳动合同中约定的权利义务在新的条件下无法完全得到保证，用人单位与员工可以提出对劳动合同的内容加以变更的要求。

（3）用人单位严重亏损或发生自然灾害，确实无法履行劳动合同规定的义务。用人单位严重亏损或发生自然灾害等，对双方履行劳动合同所规定的义务必然产生重大的影响。在这种情况下，强制用人单位或员工履行劳动合同所规定的义务没有任何意义。因此，用人单位和员工有权利提出变更劳动合同的要求。

（4）劳动合同双方当事人协商一致变更劳动合同。在履行劳动合同的过程中，用人单位与员工对彼此的了解有所增加，双方经协商一致可以根据实际情况对劳动合同的内容加以变更，以更好地满足双方的利益需求。

2. 变更劳动合同时应平等自愿、协商一致

用人单位或员工认为有必要变更劳动合同时，应及时向对方提出变更劳动合同的要求，说明变更劳动合同的理由、条件、内容以及请求对方答复的期限等情况。用人单位或员工在收到对方变更劳动合同的请求后，应在合理的期限内答复，对所要变更的劳动合同的内容应遵循平等自愿的原则进行协商，不得违反法律、行政法规的规定。劳动合同部分内容变更后，其他内容可以维持原劳动合同的规定，也可以做相应的修改。

用人单位与员工就变更劳动合同的内容经过平等协商达成一致意见后，应当就所变更的劳动合同的内容订立书面协议，注明变更的具体内容、合同变更的生效日期，最后由双方签字盖章。用人单位或员工也可以要求将变更后的劳动合同提交当地劳动行政部

门申请鉴证。

3. 变更劳动合同前用人单位与员工不得擅自违反原劳动合同

在劳动合同变更内容生效之前，用人单位不得安排员工从事原劳动合同规定以外的工作，员工也不得擅自停止履行原劳动合同规定的义务。但当发生事故或遇灾害需要及时抢修或救灾、因工作需要而临时调动工作、发生短期停工、依行政命令调动员工工作等情况时，用人单位有权安排员工从事劳动合同规定以外的工作。

尽管劳动合同订立后对双方当事人都有法律约束力，但用人单位和员工仍可以根据实际需要对劳动合同的内容进行一定的变更。

关键点提示

变更劳动合同时应注意以下几点：

1.劳动合同订立后可以进行一定的变更；2.变更劳动合同时应平等自愿、协商一致；3.变更劳动合同前用人单位与员工不得擅自违反原劳动合同。

5.7　如何处理无固定期限劳动合同的相关问题

工作场景描述

当需要处理与无固定期限劳动合同相关的法律问题时，可查看。

一般来说，用人单位与员工可以自由约定劳动合同的期限。但在特殊情况下，用人单位有义务与员工订立无固定期限的劳动合同，即不约定终止日期的劳动合同。

无固定期限的劳动合同是指不约定终止日期的劳动合同。在劳动合同的文本上只写明合同的生效日期，而未明确约定该合同的终止日期，即其履行期限是不确定的。

1. 用人单位与员工协商一致后可以订立无固定期限的劳动合同

在订立劳动合同时,用人单位与员工可以对劳动合同的期限进行约定,选择订立有固定期限的劳动合同、无固定期限的劳动合同和以完成一定工作为期限的劳动合同三种形式中的一种。用人单位与员工协商一致后,可以与员工订立无固定期限的劳动合同。在实践中,除不宜与一些从事临时性工作、季节性工作以及一次性工作的员工订立无固定期限的劳动合同外,对于其他员工,用人单位都可以与其订立无固定期限的劳动合同。无固定期限的劳动合同一般适用于工作的保密性强、技术复杂、生产需要长期保持稳定的工作岗位。

2. 特定情况下用人单位应与员工订立无固定期限的劳动合同

除了通过协商订立无固定期限的劳动合同之外,用人单位在特定的情形下也负有与员工订立无固定期限的劳动合同的义务。也就是说,只要员工提出订立要求,用人单位即有义务与之订立。

(1)在同一用人单位连续工作满10年,双方当事人同意续订劳动合同的,员工提出订立劳动合同时,用人单位应与之订立无固定期限的劳动合同。在本用人单位已连续工作10年及以上的员工,用人单位可以选择终止劳动合同或续订劳动合同。如用人单位不愿续订劳动合同,那么无论员工在该单位工作的时间多长,用人单位都有权终止劳动合同。但如用人单位同意续订劳动合同,员工提出订立劳动合同时,则用人单位有义务与之订立无固定期限的劳动合同。

(2)工作年限较长,且距法定退休年龄10年以内的员工,只要提出订立劳动合同,用人单位即有义务与之订立无固定期限的劳动合同。

(3)用人单位所招聘的员工是初次就业的复员、转业军人,如该员工提出订立劳动合同,无论用人单位是否愿意,都有义务与之订立无固定期限的劳动合同。

3. 无固定期限的劳动合同的履行期限不确定

用人单位与员工订立无固定期限的劳动合同时,在合同书上只写明合同的起始时间,没有规定合同终止日期,但除法律、法规另有规定外,应在劳动合同中约定合同变更、解除、终止的条件。只要未出现法定或约定的解除、终止劳动合同的条件,劳动关系就一直存续。但订立了无固定期限的劳动合同并不等于用人单位与员工的劳动关系永远存续。一旦法律、法规规定或劳动合同中约定的条件出现，用人单位或员工都有权终止该劳动合同。此外，即使用人单位与员工订立了无固定期限的劳动合同，但遇某些情形，如员工达到法定退休年龄，该合同即因员工主体资格丧失而终止，或用人单位经营期限届满而解散，该合同也将因用人单位主体资格丧失而终止。

无固定期限的劳动合同的订立使用人单位与员工的劳动关系存续期间变得不确定，也使劳动合同的履行期间不确定。用人单位可依法律的规定或约定与员工订立无固定期限的劳动合同。

关键点提示

订立无固定期限的劳动合同的情况有：

1.用人单位与员工协商一致后可以订立无固定期限的劳动合同；2.特定情况下用人单位应与员工订立无固定期限的劳动合同。

5.8 如何处理与事实劳动关系相关的问题

工作场景描述

当与员工因事实劳动关系发生争议时，可查看。

解读与分析

根据我国法律规定，用人单位与员工之间建立劳动关系时应当签订劳动合同。如用人单位与员工由于某种原因未签订书面的劳动合同，则形成了事实劳动关系。

1. 未签订劳动合同而形成的事实劳动关系的处理

员工进入用人单位后，与用人单位建立了劳动关系，却并未根据《中华人民共和国劳动法》的规定与之签订劳动合同，则双方必然会在权利义务方面存在诸多争议，导致劳动纠纷的发生。因此，用人单位应明确事实劳动关系的处理方法。

第5章 劳动合同订立工作常见问题

（1）及时签订劳动合同。员工进入用人单位后，符合用人单位的录用要求，服从用人单位的管理，遵守用人单位的劳动纪律，能够胜任用人单位工作的，如果用人单位与之均同意维持劳动关系，则用人单位应与这些员工进行协商，就劳动合同的内容达成一致意见后签订劳动合同，并补办相应的手续。

（2）解除劳动关系。员工与用人单位形成事实劳动关系后，如果员工不愿签订劳动合同，劳动关系应予解除。用人单位可以不向员工支付经济补偿。用人单位也可以拒绝与形成事实劳动关系的员工签订劳动合同，但应按法律的规定支付给员工经济补偿金。如用人单位故意拖延订立或不订立劳动合同，将承担相应的法律赔偿责任。

2. 劳动合同期满后形成事实劳动关系的处理

劳动合同期满后，如用人单位未及时对员工的劳动关系进行处理，未及时终止或续签劳动合同，则仍可能形成事实劳动关系，由此引发的劳动争议可以按原劳动合同中的规定处理。

（1）固定期限的劳动合同期满后，如员工仍在用人单位工作，因用人单位方面的原因未办理终止或续订手续而形成事实劳动关系，用人单位未表示异议的，则视为双方同意以原条件继续履行劳动合同，视为续订劳动合同。用人单位应及时与员工协商合同内容，办理续订手续。否则，由此给员工造成损失的，该用人单位应当依法承担赔偿责任。

固定期限的劳动合同是指双方当事人规定合同有效起止日期的劳动合同，期限一般为一年、三年、五年等。劳动合同期满后即告终止。

（2）劳动合同终止后，员工继续在用人单位工作而形成事实劳动关系的，在重新签订劳动合同之前，用人单位与员工任何一方都有权提出终止劳动关系，拒绝签订劳动合同。

（3）根据《中华人民共和国劳动法》的规定，员工在同一用人单位连续工作满10年，双方当事人同意延续劳动合同的，如果员工提出订立无固定期限的劳动合同，则应当订立无固定期限的劳动合同。用人单位应当与员工签订无固定期限劳动合同而未签订的，则视为双方之间存在无固定期限劳动合同关系，并根据原劳动合同确定双方的权利义务。

3. 事实劳动关系争议的解决

形成事实劳动关系后，由于双方的权利义务不明确，很容易引发劳动争议。劳动合同期满后形成事实劳动关系引发的劳动争议，可以按原劳动合同的规定进行处理。用人单位或员工也可以向劳动争议仲裁委员会申请仲裁，进而解决劳动争议。

订立劳动合同只是劳动关系建立的一种形式。只要员工在用人单位工作，服从管理，即可能形成事实劳动关系。用人单位应尽量避免因事实劳动关系的形成而导致劳动争议的发生。

关键点提示

形成事实劳动关系的情况有：

1.未签订劳动合同而提供劳动形成的事实劳动关系；2.劳动合同期满后劳动关系未解除形成的事实劳动关系。

5.9 如何处理员工单方解除劳动合同的相关问题

工作场景描述

当要处理员工单方解除劳动合同的相关问题时，可查看。

解读与分析

员工在劳动合同的履行过程中，可以单方与用人单位解除劳动合同，终止与用人单位之间的劳动关系。

1.员工可以通过提前通知用人单位解除劳动合同

员工可以无须具备任何法定事由而解除劳动合同。只要员工提前30日以书面的形式通知用人单位，无须具备任何法定事由，也无须征得用人单位的同意，就可解除劳动合同。提前30日以书面形式通知是解除劳动合同的程序，也是解除劳动合同的条件。在员工提出解除劳动合同之日起30日后，员工即可以向用人单位提出办理解除劳动合同手续的要求，用人单位应予以办理。

但如果员工在解除劳动合同前，违反劳动合同的规定，给用人单位造成了经济损失，则用人单位可要求员工承担赔偿责任。同样，员工违法解除劳动合同给用人单位造成经济损失的，用人单位也可以要求员工赔偿经济损失。

2. 具备法定事由，员工可以随时解除劳动合同

在某些情况下，员工可以随时解除劳动合同，但必须以具备法律规定的事由为前提，一般适用于试用期内的员工或用人单位违法、违约而损害员工合法权益的情况。

（1）试用期内员工不需要任何理由就可随时解除劳动合同。

（2）用人单位以暴力、威胁或者非法限制人身自由的手段强迫员工劳动的，员工可以随时提出解除劳动合同。同时，如用人单位强迫员工劳动，给员工造成损失，构成违约或违法行为，员工可以要求用人单位对其损失予以赔偿。

（3）用人单位未按照劳动合同约定支付劳动报酬或者提供劳动条件的，员工可以随时提出解除劳动合同的要求。员工按照劳动合同的规定，保质保量完成了生产任务，用人单位即有义务向其支付报酬，并保证其享受相应的各种福利。如果用人单位未按劳动合同的规定支付报酬，无故拖延或克扣员工的工资，员工有权与用人单位解除劳动合同，同时用人单位构成违约行为，员工可以要求用人单位支付所拖欠的工资和相当于工资报酬25%的经济补偿金。

3. 用人单位应为员工办理解除劳动合同的相关手续

无论员工以何种方式解除劳动合同，在劳动合同解除后，用人单位都有义务为其办理解除劳动合同的相关手续，并做好员工解除劳动合同后的相关工作，包括向员工提供解除劳动合同的证明、转移其人事档案等。用人单位无权扣留员工的人事档案。即使员工解除劳动合同构成违约，给用人单位造成了经济损失，员工解除劳动合同后，用人单位也应在一个月内将其档案转交新的工作单位或其户口所在地的街道劳动（组织人事）部门。转递档案时应通过机要交通或派专人送取，不准邮寄或交本人自带。对要转出的档案，必须按统一规定的"企业员工档案转递通知单"的项目登记，并密封包装。对要转出的档案，不得扣留或分批转出。接收单位收到档案、核对无误后，应在回执上签名盖章，立即返回转出单位。转出单位未及时收到回执时应及时催问，以防丢失。

员工可以依照法律规定的程序向用人单位提出解除劳动合同。用人单位不得随意限制其依法解除劳动合同的权利。

关键点提示

员工解除与用人单位签订的劳动合同时，应注意：

1.员工可以通过提前通知用人单位解除劳动合同；2.具备法定事由，员工可以随时解除劳动合同；3.用人单位应为员工办理解除劳动合同的相关手续。

5.10　如何单方面解除与员工签订的劳动合同

工作场景描述

当用人单位单方面解除劳动合同，与员工发生争议时，可查看。

解读与分析

劳动合同订立后，用人单位应按规定履行劳动合同。但在具备法律规定的事由的情况下，用人单位有权单方面解除劳动合同。

1. 用人单位可以随时通知员工解除劳动合同的情况

（1）员工在试用期内被证明不符合录用条件的，用人单位可以随时解除劳动合同。用人单位应对在试用期内的员工能否胜任本单位的工作进行考查，如不符合录用条件应及时通知员工解除劳动合同。

（2）员工在劳动过程中严重违反劳动纪律或用人单位规章制度的，用人单位可以随时解除劳动合同。员工是否严重违反劳动纪律或用人单位的规章制度，应以员工是否有义务遵守劳动纪律及用人单位规章制度的有关规定为准。员工违反用人单位以民主程序制订的符合国家法律、行政法规及政策规定，经向员工公示的在本单位具有约束力的规章制度，用人单位即可随时解除劳动合同。

（3）员工严重失职、营私舞弊，给用人单位利益造成重大损失的，用人单位可以随时解除劳动合同，并要求员工对其给用人单位造成的经济损失进行赔偿。

（4）员工被依法追究刑事责任的，用人单位可以随时解除劳动合同。员工被人民法院判处刑罚，被人民法院依法免于刑事处分的，用人单位可以随时解除劳动合同。一旦决定解除劳动合同，用人单位应及时书面通知员工。员工涉嫌违法犯罪被有关机关收容审查、拘留或逮捕的，用人单位在员工被限制人身自由期间，可暂时停止劳动合同的履行。暂时停止履行劳动合同期间，用人单位不承担劳动合同规定的相应义务。员工被人民法院判处拘役、3年以下有期徒刑缓刑的，用人单位可以解除劳动合同。员工被劳动教养的，用人单位可以依据员工被劳教的事实解除与该员工的劳动合同。

2. 用人单位须提前通知员工解除劳动合同的情况

在员工并无过错但因主客观情况的变化导致劳动合同无法履行的情况下，用人单位可以提前30天以书面形式通知员工解除劳动合同。

（1）员工患病或者非因工负伤，医疗期满后，不能从事原工作，也不能从事由用人单位另行安排的工作的，用人单位可以提前30天以书面形式通知员工解除劳动合同。员工患病或非因工负伤，根据本人实际参加工作的年限和在本单位工作年限长短，享受3~24个月的医疗期。对于某些患特殊疾病（如癌症、精神病、瘫痪等）的员工，在24个月内不能痊愈的，经用人单位和当地劳动部门批准，可以适当延长医疗期。员工在医疗期满后，能从事原工作的，可以继续履行劳动合同；医疗期满后仍不能从事原工作，也不能从事由单位另行安排的工作的，由劳动鉴定委员会参照工伤与职业病致残程度鉴定标准进行劳动能力鉴定。被鉴定为一至四级的，应当退出劳动岗位，解除劳动关系，办理因病或非因工负伤退休退职手续，享受相应的退休退职待遇；被鉴定为五至十级的，用人单位可以解除劳动合同，并按规定支付给员工经济补偿金和医疗补助费。

（2）员工不能胜任工作，经过培训或者调整工作岗位，仍不能胜任工作的，用人单位可以提前30天以书面形式通知员工解除劳动合同。员工在试用期满后，不能按用人单位的要求完成劳动合同中约定的任务或同工种、同岗位人员的工作量，则用人单位可以提前30天以书面形式通知员工解除劳动合同。但用人单位不得故意提高劳动任务定额标准，使员工无法完成。

（3）劳动合同订立时所依据的客观情况发生重大变化，致使原劳动合同无法履行，经双方当事人协商不能就变更劳动合同达成协议的，用人单位可以提前30天以书面形式通知员工解除劳动合同。这里所指的客观情况，既适用于用人单位，也适用于员工。所谓客观情况发生重大变化，一般是指在劳动合同履行过程中发生不可抗力或用人单位条件发生变化等，如用人单位被兼并、分立，用人单位改变经营范围，进行重大技术改造，使员工的工作岗位不复存在等情况。在这种情况下解除劳动合同，用人单位应先与员工就变更劳动合同进行协商，如果不能达成一致意见，用人单位可以解除劳动合同，提前30日以书面的形式通知员工本人。但用人单位正常的效益增长或滑坡，不应被视为客观情况发生重大变化。

3. 在特定情况下用人单位不得解除劳动合同

用人单位虽享有单方面解除劳动合同的权利，但这一权利也会受到一定的限制。用人单位在解除劳动合同时，应考虑员工是否符合以下条件，以确定是否可以行使劳动合同的单方面解除权。

（1）员工患职业病或者因工负伤，并被确认丧失或部分丧失劳动能力。

（2）员工患病或者负伤，在规定的医疗期内。

（3）女员工在孕期、产期、哺乳期内。

以上三种情况下，即使劳动合同到期，用人单位也不得终止劳动合同，劳动合同的期限应自动延续至医疗期、孕期、产期和哺乳期期满时，用人单位不得单方解除劳动合同。但如果存在上述情形，同时也具备用人单位可以随时解除劳动合同的条件，则用人单位仍可以随时通知员工解除劳动合同。

4. 用人单位解除劳动合同时应遵循一定的程序

用人单位在通知员工决定行使劳动合同的单方解除权时，包括提前通知和随时通知两种情形。提前通知情形下，用人单位必须提前30日并以书面的形式通知员工；随时通知情形下，用人单位可以书面通知，也可以口头通知。用人单位解除劳动合同，应征求工会的意见。工会认为不适当的，有权提出意见。如果用人单位违反法律、法规或者劳动合同，工会有权要求重新处理。用人单位应对工会的意见予以充分考虑，并采纳工会提出的合理意见。

与员工解除劳动合同相比，用人单位单方面解除劳动合同会受到较多的限制。用人单位应根据实际情况，灵活运用单方面解除权，以更好地保护自己的合法权益。

关键点提示

用人单位单方面解除与员工的劳动合同时，应注意：

1.用人单位可以随时通知员工解除劳动合同的情况；2.用人单位须提前通知员工解除劳动合同的情况；3.特定情况下用人单位不得解除劳动合同；4.用人单位解除劳动合同时应遵循一定的程序。

5.11 如何确定解除劳动合同时向员工支付的经济补偿金

工作场景描述

当解除劳动合同时需要向员工支付经济补偿金时，可查看。

解读与分析

解除劳动合同的经济补偿是指劳动合同解除时，用人单位应当依法支付给员工一次性的经济补偿金。用人单位支付的经济补偿金应符合法律规定的标准。

用人单位解除劳动合同，必然会对员工的利益造成一定的损害。因此，用人单位应根据具体情况向员工支付相应的经济补偿金。

1. 经协商一致解除劳动合同时用人单位应支付相应的经济补偿金

经劳动合同双方当事人协商一致，由用人单位解除劳动合同的，用人单位应根据员工在本单位工作年限，每满1年发给员工相当于1个月工资的经济补偿金，最多不超过12个月。工作时间不满1年的，按1年的标准发给员工经济补偿金。

2. 因患病或者非因工负伤而解除劳动合同时应支付经济补偿金

员工患病或者非因工负伤，经劳动鉴定委员会确认不能从事原工作，也不能从事用人单位另行安排的工作而解除劳动合同的，用人单位应按其在本单位的工作年限，每满1年发给员工相当于1个月工资的经济补偿金，同时还应发给其不低于6个月工资的医疗补助费。患重病和绝症的，还应增加医疗补助费；患重病的，增加部分不低于医疗补助费的50%；患绝症的，增加部分不低于医疗补助费的100%。

3. 因员工不能胜任工作而解除劳动合同时应支付经济补偿金

员工不能胜任工作，经过培训或者调整工作岗位仍不能胜任工作，用人单位解除劳动合同的，应按其在本单位工作的年限支付经济补偿金——工作时间每满1年，发给其相当于1个月工资的经济补偿金，最多不超过12个月。

4. 因客观情况发生重大变化解除劳动合同时应支付经济补偿金

劳动合同订立时所依据的客观情况发生重大变化，致使原劳动合同无法履行，经当事人协商不能就变更劳动合同达成协议，用人单位解除劳动合同的，按员工在本单位工作的年限支付经济补偿金——工作时间每满1年，发给员工相当于1个月工资的经济补偿金。

5. 经济性裁员时应支付经济补偿金

用人单位濒临破产，进行法定整顿期间，或者生产经营状况发生严重困难，必须裁减人员时，按被裁减人员在本单位工作的年限向其支付经济补偿金。在本单位工作的时间每满1年，发给员工相当于1个月工资的经济补偿金。

支付经济补偿金时，月工资是指用人单位正常生产情况下员工解除合同前12个月的月平均工资。用人单位解除劳动合同时，员工的月平均工资低于用人单位月平均工资的，按用人单位月平均工资的标准支付。经济补偿金在用人单位成本中列支，不得占用用人单位按规定比例应提取的福利费用。员工在接近退休年龄（按有关规定，一般为达到退休年龄的前5年以内）时因劳动合同到期终止劳动合同的，如果符合退休、退职条件，可以办理退休、退职手续；不符合退休、退职条件的，在终止劳动合同后按规定领取失业救济金。享受失业救济金的期限届满后仍未就业，符合社会救济条件的，可以按规定领取社会救济金，达到退休年龄时办理退休手续，领取养老保险金。劳动合同解除后，用人单位对符合规定的员工应支付经济补偿金。不能因员工领取了失业救济金而拒付或克扣经济补偿金，失业保险机构也不得以员工领取了经济补偿金为由，停发或减发失业救济金。

支付经济补偿金是在员工的合法权益受到损害时，用人单位承担的法定义务。用人单位不得拖延履行，更不得拒绝履行。

关键点提示

用人单位解除劳动合同时需要支付经济补偿金的情况有：

1.经双方当事人协商一致解除劳动合同时；2.因员工患病或者非因工负伤而解除劳动合同时；3.因员工不能胜任工作而解除劳动合同时；4.因客观情况发生重大变化解除劳动合同时；5.经济性裁员时。

5.12 如何追究劳动合同当事人的违约责任

工作场景描述

当需要了解劳动合同当事人违反劳动合同的责任时，可查看。

解读与分析

劳动合同订立后，用人单位与员工都应按劳动合同的规定履行劳动合同。用人单位和员工违反劳动合同的规定，不履行或不完全履行劳动合同，都应承担相应的法律责任。

1. 用人单位违反劳动合同的规定应承担违约责任

订立劳动合同后，用人单位应按合同规定适当履行劳动合同。用人单位故意或因过失不履行或不适当履行劳动合同的，应承担相应的责任。

（1）用人单位故意拖延不订立劳动合同，即招用员工后故意不按规定订立劳动合同以及劳动合同到期后故意不及时续订劳动合同,给员工造成损失的,应赔偿员工的损失。

(2)用人单位违反法律规定或劳动合同的约定解除劳动合同,给员工造成损失的,应承担赔偿责任。

(3)用人单位克扣或者无故拖欠员工工资,以及拒不支付员工延长工作时间的工资报酬的,除在规定的时间内全额支付员工工资报酬外,还需加发相当于工资报酬25%的经济补偿金。用人单位支付给员工的工资报酬低于当地最低工资标准的,要在补足低于标准部分的同时,另外支付低于标准部分25%的经济补偿金。

(4)经国家有关部门确认,用人单位劳动卫生条件恶劣,严重危害员工的身体健康,造成职业病、致伤致残的,应按国家规定的条件给予其医疗待遇并保证其享受其他保险。

(5)用人单位对员工进行赔偿时应符合法律规定的标准。造成员工工资收入损失的,除支付给员工本人应得工资收入外,还应加付员工应得工资收入25%的赔偿费用;造成员工劳动保护待遇损失的,应按国家规定补足员工的劳动保护津贴和用品;造成员工工伤、医疗待遇损失的,除按国家规定为员工提供工伤、医疗待遇外,还应支付给员工相当于工伤医疗费用25%的赔偿费用;造成女性员工和未成年工身体健康损害的,除按国家规定提供治疗期间的医疗待遇外,还应向对方支付相当于其医疗费用25%的赔偿费用。

2. 员工违反劳动合同的规定应承担违约责任

员工违反《中华人民共和国劳动法》规定的条件解除劳动合同或违反劳动合同中的约定事项,给用人单位造成经济损失的,应依法承担赔偿责任。

(1)员工违反《中华人民共和国劳动法》的规定或劳动合同的约定解除劳动合同,给用人单位造成损失的,应赔偿用人单位下列损失:用人单位招收录用其所支付的费用;用人单位为其支付的培训费用,双方另有约定的按约定办理;给生产、经营造成的直接经济损失;劳动合同约定的其他赔偿费用。

(2)员工违反劳动合同中约定的保密事项,给用人单位造成经济损失的,应当承担损害赔偿责任,用人单位的经济损失难以计算的,赔偿额为侵权人在侵权期间因侵权所获得的利润;并应当承担被侵害的用人单位因调查员工侵害其合法权益的不正当竞争行为所支付的合理费用。

(3)员工违反劳动合同中约定的竞业禁止条款,在终止或解除劳动合同后的一定期限内,从事生产同类产品及有竞争关系的产品或经营同类业务,给用人单位造成损失的,应当承担违约责任。

劳动合同依法订立后对合同双方当事人均有约束力。如一方违反劳动合同的规定未全面履行劳动合同,另一方当事人有权要求其承担法律责任。

关键点提示

1.用人单位违反劳动合同的规定应承担违约责任的情况有:

(1)用人单位故意拖延不订立劳动合同;(2)用人单位违反《中华人民共和国劳动法》的规定或劳动合同的约定解除劳动合同;(3)用人单位克扣或者无故拖欠员工工资;(4)用人单位劳动卫生条件恶劣,严重危害员工的身体健康。

2.员工违反劳动合同的规定应承担违约责任的情况有:

(1)员工违反《中华人民共和国劳动法》的规定或劳动合同的约定解除劳动合同;(2)员工违反劳动合同中约定的保密事项;(3)员工违反劳动合同中约定的竞业禁止条款。

5.13 如何依法终止劳动合同

工作场景描述

当要终止劳动合同时,可查看。

解读与分析

劳动合同订立后，对双方当事人都具有法律约束力，用人单位与员工都不得随意解除劳动合同。只有具备法律规定或当事人约定的合同终止事由时，劳动合同才可终止。

1. 劳动合同因具备法定或约定的事由而终止

根据我国相关法律的规定，劳动合同期满或者当事人约定的劳动合同终止条件出现，劳动合同即行终止。

（1）劳动期限届满，劳动合同终止。固定期限的劳动合同在其有效期限届满时，除用人单位与员工均同意续订劳动合同外，劳动合同终止。

（2）订立劳动合同的目的实现，劳动合同终止。以完成一定工作为期限的劳动合同在其当事人约定的工作完成时，劳动关系解除。

（3）劳动合同中约定的终止条件发生，劳动合同终止。用人单位和员工在劳动合同中约定了劳动合同终止条件的，当终止条件满足时，劳动合同终止。

（4）员工退休。员工达到法定退休年龄或完全丧失劳动能力而办理退休手续后，劳动合同终止。

（5）员工死亡。员工死亡后，劳动合同的一方主体资格消灭，劳动合同自然终止。

（6）用人单位解散、被撤销或破产。用人单位解散、被撤销或破产后，用人单位主体资格消灭，劳动合同自然终止。

2. 劳动合同终止后当事人之间的劳动关系消灭

劳动合同终止后，用人单位与员工之间因订立劳动合同而产生的权利义务关系消灭，其劳动关系也不复存在。用人单位无权要求员工仍在用人单位工作，员工也无权要求用人单位支付工资报酬和相关的福利费用。但在劳动合同终止前，用人单位或员工的行为构成违约，给对方造成损失的，任何一方都有权要求对方进行赔偿。

3. 劳动合同终止后当事人仍负有相应的法律义务

在劳动合同终止后的合理期限内，用人单位和员工仍应按法律规定或原劳动合同中的约定，负有一定的后续义务或附随义务。

（1）劳动合同终止后，用人单位仍负有相应的法律义务。劳动合同期满或者当事人约定的劳动合同终止条件出现，劳动合同即行终止，用人单位可以不支付员工经济补偿金。但在国家另有规定的情况下，用人单位应依法向员工支付经济补偿金。在劳动合同终止后，用人单位应为员工出具终止劳动合同的证明，作为该员工按规定享受失业保险待遇和失业登记、重新就业的证明。

（2）劳动合同终止后，员工仍负有相应的法律义务。劳动合同终止后，员工应对其所从事的工作进行清理，向用人单位移交相关的材料，将保管的物品交还给用人单位。掌握商业秘密的员工离职后，不得向外界披露自己所掌握的用人单位的商业秘密，也不得擅自使用或允许他人使用用人单位的商业秘密。在约定了竞业禁止条款的情况下，员工在劳动合同终止后的一定期限内不得到生产同类产品或经营同类业务且有竞争关系的其他单位任职，也不得自己生产与原用人单位有竞争关系的同类产品或经营同类业务。

劳动合同终止意味着用人单位与员工劳动关系的消灭。为避免劳动合同的终止对当事人的权利产生影响，不应随意终止劳动合同，只在当事人协商一致或法律规定的事由发生时，劳动合同才终止。

> **关键点提示**
>
> 用人单位依法终止劳动合同时需注意以下几点：
> 1.劳动合同因具备法定或约定的事由而终止；2.劳动合同终止后当事人之间的劳动关系消灭；3.劳动合同终止后当事人仍负有相应的法律义务。

5.14 如何进行经济性裁员

> **工作场景描述**
>
> 当用人单位经济困难需要裁减人员时，可查看。

解读与分析

在市场经济条件下,用人单位的经营状况具有较强的不确定性。一旦用人单位因经营管理不善而出现重大危机,向员工支付的劳动报酬将成为用人单位的巨大负担。为减轻负担,用人单位进行经济性裁员在所难免。

1. 用人单位经营发生严重困难时可以进行经济性裁员

用人单位濒临破产,进行法定整顿期间,或者生产经营状况发生严重困难,达到当地政府规定的严重困难企业标准,确需裁减人员的,可以裁员。

2. 用人单位进行经济性裁员时应遵循法定程序

用人单位裁减人员时必须遵循法定程序,不得随意进行经济性裁员。用人单位应提前30天向工会或全体员工说明情况,并提供有关生产经营状况的资料,同时提出裁减人员方案,内容包括:被裁减人员名单、裁减时间及实施步骤,符合法律、法规规定和集体合同约定的被裁减人员的经济补偿办法。用人单位应就裁减人员方案征求工会或者全体员工的意见,并对方案进行修改和完善,工会或员工对裁减人员方案提出的合理意见,用人单位应认真听取。在听取工会或全体员工的意见后,用人单位应向当地劳动行政部门报告裁减人员方案以及工会或者全体员工的意见,并听取劳动行政部门的意见。对用人单位违反法律、法规和有关规定裁减人员的,劳动行政部门可以依法制止和纠正。在劳动行政部门通过裁减人员方案后,由用人单位正式公布裁减人员方案,为被裁减人员办理解除劳动合同手续,按照有关规定向被裁减人员支付经济补偿金,并出具裁减人员证明书。用人单位违反法律、法规规定和集体合同约定裁减人员的,工会有权要求重新处理。

3. 用人单位裁减人员时不得损害员工的合法权益

用人单位不得随意裁减人员,更不得损害员工的合法权益。患职业病或者因工负伤并被确认丧失或者部分丧失劳动能力的员工,患病或者非因公负伤在规定的医疗期内的员工,在孕期、产期、哺乳期内的女性员工,以及法律、行政法规规定的其他人员,用人单位不得裁减。因被裁减而失业的人员,已参加失业保险的,可到当地劳动就业服务机构登记,申领失业救济金。有条件的用人单位,应为被裁减的人员提供培训或就业帮助。

因裁减人员而发生的劳动争议，当事人双方应按照劳动争议处理的有关规定进行处理。

用人单位裁减人员后，应按被裁减人员在本单位工作的年限支付经济补偿金。在本单位工作的时间每满1年，发给员工相当于1个月工资的经济补偿金。用人单位从裁减人员之日起，6个月内需要新招人员的，必须优先从本单位裁减的人员中录用，并向当地劳动行政部门报告录用人员的数量、时间、条件以及优先录用人员的情况。

进行经济性裁员是经营严重困难企业的权利，但经济性裁员必然会对员工的权利造成巨大的影响，因此，用人单位进行经济性裁员时应具备法定条件，并遵循相应的程序。

关键点提示

用人单位进行经济性裁员时应注意以下几点：

1.用人单位在经营发生严重困难时可以进行经济性裁员；2.用人单位进行经济性裁员时应遵循法定程序；3.用人单位裁减人员时不得损害员工的合法权益。

5.15 如何解决因劳动合同无效而发生的法律纠纷

工作场景描述

当因劳动合同无效需追究相关责任人的法律责任时，可查看。

解读与分析

依法订立的劳动合同对双方当事人都有约束力。但是在实际工作中，往往由于劳动合同无效而发生法律纠纷。

1. 采取欺诈手段订立的劳动合同无效

订立劳动合同时，一方当事人故意捏造事实或歪曲事实真相，使对方陷于错误的认识而订立劳动合同的，则该当事人的行为构成欺诈。

（1）一方当事人主观上有欺诈的行为。一方当事人明知但却不告知事实真相或隐瞒事实真相的行为，将使对方当事人陷于错误的认识。

（2）一方当事人在客观上实施了欺诈行为。一方当事人实施了捏造事实、制造假象或隐瞒真实情况的行为。

（3）双方当事人订立劳动合同的行为是一方受欺诈的结果。受欺诈的一方当事人由于受到欺诈而产生对事实的错误认识是订立劳动合同的前提，如不存在该欺诈事实，则当事人将不会订立该劳动合同。

一方当事人受欺诈订立的劳动合同违反了其真实意思表示，劳动合同的订立没有建立在双方平等协商的基础上，采取欺诈手段订立的劳动合同无效。因此，用人单位不应故意隐瞒与订立劳动合同相关的重要事实，使员工在违背其真实意思表示的情况下订立劳动合同，同时也要提防个别员工采取欺诈的手段达到与用人单位订立劳动合同的目的。

2. 采取威胁等手段订立的劳动合同无效

劳动合同的订立要建立在平等自愿、协商一致的基础上，任何一方都不得将自己的意志强加给对方。以损害对方当事人及其亲友的生命健康、人格尊严、财产利益等，或者以损害法人的名誉、荣誉、财产等为要挟，迫使对方做出违背其真实意思表示的，可以认定为威胁。采取威胁的手段要挟对方当事人致使其陷于恐惧，进而违背自己的真实意思表示签订的劳动合同，或未经协商一致签订的劳动合同是无效的劳动合同。

3. 违反法律、行政法规的劳动合同无效

劳动合同中的内容不得违反法律、行政法规的强制性规定，特别是不能从本单位的利益出发单方拟订违反国家有关法律、法规强制性规定的合同条款。违法的劳动合同条款自订立之日起就没有法律效力。

4. 无效的劳动合同自订立之日起就没有法律效力

无效的劳动合同自订立之日起就没有法律效力。劳动合同的基本内容违反法律、行政法规的禁止性规定，劳动合同全部无效。如劳动合同的部分条款违反法律、行政法规的规定，不影响劳动合同的基本内容，则仅违法的条款无效。确认劳动合同部分无效的，如果不影响其余部分的效力，则其余部分仍然有效。劳动合同被确认为无效的，当事人的劳动关系自然终止，终止履行劳动合同，尚未履行的不得履行。劳动合同的效

力，由劳动争议仲裁委员会或者人民法院确认。劳动合同被确认为无效后，用人单位对员工的劳动，可参照本单位同期、同工种、同岗位的工资标准支付一定的劳动报酬。由于用人单位的原因订立无效劳动合同，或订立部分无效劳动合同，给员工造成损害的，应当比照违反和解除劳动合同经济补偿金的支付标准，赔偿员工因合同无效而给其造成的经济损失。

以欺诈、胁迫等手段订立的劳动合同和违法的劳动合同是无效的劳动合同，用人单位应尽量避免订立无效的劳动合同。

> **关键点提示**
>
> 劳动合同无效的情况有以下几种：
> 1.采取欺诈手段订立的劳动合同；2.采取威胁等手段订立的劳动合同；3.违反法律、行政法规的劳动合同。

5.16 如何解决培训费争议问题

> **工作场景描述**
>
> 当要解决因解除劳动合同而发生的培训费争议问题时，可查看。

解读与分析

在劳动合同的履行过程中，用人单位有义务对员工进行职业技术培训，并支付相应的培训费用。员工在接受培训后应为用人单位提供服务。

1.用人单位应根据实际需要对员工进行培训

用人单位录用员工后，为使员工更好地满足本单位生产经营上的需要，应对员工进行培训。特别是在工作对员工有特殊技能要求的情况下，用人单位必须对员工进行培训。培训费用应由用人单位承担。为此，用人单位与员工可以在劳动合同中约定用人单位应对员工进行职业技术培训并支付费用,以及员工应为用人单位服务的最低年限。如用人单位违反这一约定,拒绝对员工进行培训和拒绝支付培训费用,则用人单位的行为构成违约,员工可以要求用人单位承担违约责任。

2. 员工接受培训后提前解除劳动合同应赔偿用人单位损失

员工在接受用人单位对其进行的专门培训后,特别是在双方有约定的情况下,必须为用人单位服务。用人单位支付用于员工职业技能培训的费用和员工违约时培训费的赔偿数额或标准,可以在劳动合同中约定,但约定的员工违约时负担的培训费的赔偿数额或标准不得违反法律法规的有关规定。员工接受培训后,违反劳动合同的规定,不按规定为用人单位服务,提前解除劳动合同的,用人单位有权要求员工依《中华人民共和国劳动法》的规定和劳动合同的约定赔偿用人单位由此所受的经济损失。

3. 合理确定员工所应赔偿的数额

用人单位对员工进行职业技术培训后,员工在合同期内违反法律规定和劳动合同约定解除劳动合同,给用人单位造成损失的,用人单位可以要求员工支付该培训费用。如在劳动合同中约定了员工的工作年限,则可按工作年限等分用人单位已支出的培训费用,依员工已履行的工作年限递减支付。

用人单位对员工进行培训,既是员工权利的体现,也是为了更好地使员工为本单位服务。员工接受用人单位的培训后,拒绝为用人单位工作,用人单位有权要求其承担违约责任。

关键点提示

用人单位解决培训费争议时应注意:

1.用人单位应根据实际需要对员工进行培训;2.员工接受培训后提前解除劳动合同应赔偿用人单位损失;3.合理确定员工所应赔偿的数额。

5.17 如何确定集体合同签订的程序

工作场景描述
当希望了解订立集体合同的程序及相关规定时，可查看。

 解读与分析

集体合同与劳动合同不同，它是由用人单位（或用人单位团体）与工会（或者职工代表）签订的，主要就一般性的合同内容如劳动报酬、工作时间、休息休假、劳动安全卫生、保险福利等事项订立的书面协议，对用人单位全体职工具有约束力。

集体合同是确立劳动关系的一种重要形式，订立集体合同时必然会经历一个集体协商的过程，用人单位在此过程中应该遵守如下程序。

1. 集体协商，拟订集体合同草案

这一阶段主要包括以下两项工作。

（1）集体协商的提出和协商代表资格的确定。集体协商是指用人单位工会或者职工代表与相应的用人单位代表，为签订集体合同而进行的商谈或谈判，所以首先要确定集体协商的双方当事人，即直接参与者。

（2）进入谈判准备阶段。其主要包括双方共同商定谈判议题，共同商定集体谈判的具体内容、时间和地点，双方各自确定谈判方针，拟订谈判要点，向对方提供有关情况和资料等准备工作。比如，用人单位代表就工资和保险福利等劳动报酬这一事项进行的准备工作包括：了解本单位所在行业的人力资源市场供求情况，如果人才的供给大于需求，那么用人单位在具体谈判过程中就处于优势地位，可以适当压低劳动报酬，以降低用人单位的人力资源成本。

2. 正式谈判

谈判双方要依照共同商定的规则和日程，在谈判桌上进行谈判。在谈判过程中，双方要根据自己的实际情况不断调整谈判策略和方法，并根据法律规定采取相应的手段，

人力资源工作常见问题清单

最终达到谈判目的。

如果谈判中双方未能达成一致意见，或者出现事先未预料到的问题，经过双方同意，可以暂时中止谈判。具体的中止期限及下次谈判的具体时间、地点、内容，由双方在本次谈判中事先商定。

另外，根据《中华人民共和国劳动法》相关规定，如果协商过程中发生争议，当事人双方自行协商无法解决的，一方或双方可以向当地人民政府劳动行政部门提出书面的协商处理申请。这样，可由官方协调机构组织集体协商的双方代表共同进行协商处理，制订《协调处理协议书》，由双方当事人首席代表和协调处理负责人共同签字盖章，该协议书对双方都具有约束力。

3. 讨论并通过集体合同草案

根据《中华人民共和国劳动法》的规定，集体合同草案应当提交职工代表大会或者全体职工讨论通过，所以全体职工讨论通过是订立集体合同的法定步骤之一。集体合同草案形成后，应印发给企业全体职工征求意见，并由工会主持召开职工大会或职工代表大会，组织职工就草案中的有关问题进行充分讨论，并提出修改意见，最后就修改的草案进行表决。

4. 签署集体合同与审查备案

集体合同经职工大会或职工代表大会通过后，由双方首席代表在合同上签字，然后报送当地劳动行政部门，对集体合同的签订程序和内容进行审查。经过审查发现问题的，审查部门应告知双方当事人，让其进行修改，若当事人未提出异议，集体合同自行生效。

总之，一个完整而规范的集体合同，必须经历拟订草案、正式谈判、讨论通过和报送审查备案四个程序，才具有法律效力。

关键点提示

签订集体合同的程序包括：

1.拟订集体合同草案；2.正式谈判；3.讨论并通过集体合同草案；4.签署集体合同与审查备案。

5.18　如何确定集体合同协商的内容

工作场景描述

当集体合同双方当事人就集体合同的内容进行协商时，可查看。

解读与分析

集体合同协商的内容是集体合同中对双方当事人具体权利义务的规定，它集中反映在集体合同的条款上。根据法律法规的规定和当事人的协商，这些条款一般分为以下三部分。

1. 劳动标准部分

这一部分是集体合同的核心内容，对个人劳动合同有一定的制约作用，以下几点值得注意。

（1）一般的集体合同主要包括以下内容：劳动报酬、工作时间、休息与休假、保险待遇、生活福利、职业培训、劳动纪律、劳动安全与卫生等。

（2）如果集体合同是专门针对工资等劳动报酬订立的，劳动标准方面一般应该包括更加细致的内容：工资分配制度、工资标准和工资分配形式，职工年度平均工资水平及其调整幅度，奖金、津贴、补贴等分配办法，工资支付方式等。

（3）集体合同中的劳动标准条款关系到劳资双方的切身利益，用人单位应该根据本单位的经营状况、所在行业的整体发展水平以及国家规定的具有强制性的最低工资水平来确定本单位合理的劳动标准。

（4）由于员工个人与用人单位签订的劳动合同中的劳动标准不能低于集体合同的规定，所以集体合同中的"合理的劳动标准"事实上是用人单位的最低劳动标准，用人单位不可以为了吸引某些优秀员工而在集体合同中规定优越的劳动条件。给予优秀员工的特殊待遇应该在个人劳动合同中体现。

2. 过渡性规定

其包括与上述主要内容有关的问题，如集体合同的监督检查办法，违反集体合同的责任，因签订或履行集体合同而发生争议的解决办法，以及双方认为应当协商约定的其他内容等。

3. 对集体合同文本本身的规定

其主要是指集体合同的有效期限，变更、解除和终止集体合同的条件和程序等。

集体合同的有效期限应该是1~3年。在集体合同规定的期限内，双方代表可以对集体合同的履行情况进行检查。

在集体合同终止前，经过双方协商一致，可以变更或解除集体合同。如果签订集体合同的环境和条件发生变化，致使合同难以履行，一方可以提出变更或解除集体合同的要求，另一方应给予答复并协商解决。

集体合同终止的主要原因包括合同期限届满或者约定的终止条件出现。集体合同的有效期限依照合同约定，没有明确约定的，一般认为有效期为1年。

双方当事人在签订集体合同时，可以根据实际情况在合同中约定终止条件，如可以约定"国家劳动制度发生重大变革时，集体合同即行终止"。

总之，集体合同一般是对用人单位最低劳动标准的规定，在确定具体内容时，既要遵守法律规定，又要考虑用人单位和员工的实际情况。

关键点提示

集体合同的条款一般分为以下三部分：

1.劳动标准部分；2.过渡性规定；3.对集体合同文本本身的规定。

5.19 如何确定集体合同协商的负责人

> **工作场景描述**
> 当为集体合同协商选派代表时，可查看。

解读与分析

集体合同协商负责人也就是由当事人双方各自委派的、负责集体合同谈判和签约的代表，是集体合同协商的直接参与者。选派集体合同协商负责人并不是一个简单的问题，具体说来，用人单位应该注意以下几点。

1. 集体合同协商代表的确定

法律上将集体合同协商双方代表确定为企业工会或员工代表与相应的企业代表。每方代表3~10名，双方人数对等，并且各确定一名首席代表。

根据《集体合同规定》，集体合同协商代表应该由工会和企业指派。工会方的首席代表不是工会主席的，应该有工会主席的书面委托。没有建立工会的用人单位，员工方代表由员工民主推举产生。员工民主推举的代表应当得到半数以上员工的同意。

对于用人单位一方代表的产生，法律没有专门的规定。为了保护用人单位合法利益，用人单位一方应该委派用人单位人力资源主管和法律顾问参与集体合同的协商与签订，因为他们了解用人单位、行业内的人力资源状况和相应的法律法规。用人单位一方的首席代表应该由法定代表人担任或者由其专门指派。

2. 法律对员工方代表的特殊保护

集体合同协商要明确的是劳动标准和劳动条件的问题，属于利益之争，所以双方代表在谈判过程中，肯定会发生意见冲突甚至令人不愉快的争吵。有的用人单位会对员工方代表表示不满或歧视，甚至会借故解雇员工方代表。

为了防止员工方代表的合法权益受到侵害，法律对其有一些特殊保护。

（1）员工方代表在劳动合同期内，自担任代表之日起5年之内，除了发生严重过失之外，用人单位不能与其解除劳动合同。个人严重过失包括：严重违反劳动纪律或企业规章制度；严重失职，营私舞弊，对用人单位利益造成重大损害；被依法追究刑事责任等。

（2）员工方代表参加集体合同协商活动，应该视为提供正常劳动，享受的工资、奖金、津贴、补贴、保险等福利待遇不变。尽管员工方代表的行为并没有为用人单位创造利润，但是根据法律规定，用人单位不得克扣其应得的报酬。

上述规定对用人单位有一定的限制，是法律的强制性规定，用人单位应该了解并认真遵守，尽量避免引起不必要的法律纠纷。

3. 集体合同协商代表的义务

集体合同协商代表是集体合同当事人的代言人，其身份一经确定，就必须承担和履行相应的义务，具体而言，可以分为外部义务和内部义务。

（1）外部义务。外部义务是指集体合同协商代表在参加合同协商谈判的过程中对另一方代表应该承担的义务，主要包括以下三项。

①遵守双方确定的协商规则。这是为了保证协商谈判有序、合理、和平进行，防止协商陷入混乱之中。

②保守用人单位的商业秘密。这项义务主要由员工方代表承担。要求员工方代表保守用人单位的商业秘密，是为了维护用人单位的正当利益，防止用人单位一方因谈判需要向员工方透露有关商业秘密而使用人单位的利益受到损害。

③不能采取过激、威胁、收买、欺骗等手段。这是对双方而言的，是为了促使双方通过理性的、和平的方式表达自己的意见，积极寻求双方都能够接受的方案，同时也有利于贯彻诚实、信用原则，维护双方的权利义务。

（2）内部义务。内部义务是指集体合同协商代表对自己所代表的全体员工或用人单位所应该承担的义务，也包括三项：应该了解和掌握与集体合同协商有关的情况，应该广泛征求各方面的意见，应该接受本方人员对集体合同协商有关问题的质询。这三项义务都是为了激励代表们尽力为本方谋取最大利益。

总之，集体合同协商代表作为集体合同协商的实际参与人，应该遵守法律的规定，有能力分别为用人单位和员工争取最大的合法利益，同时享有相应的权利，承担必要的义务。

> **关键点提示**
>
> 集体合同协商时应注意:
> 1.双方代表人数对等,并各确定一名首席代表;2.用人单位应该尊重员工方代表的权利;3.协商应该以友好、理性、诚实为原则;4.保守用人单位的商业秘密。

5.20 如何理解集体合同协商原则

> **工作场景描述**
>
> 当不了解集体合同协商原则时,可查看。

解读与分析

进行集体协商、签订集体合同时应该遵循一定的原则。这些原则贯穿于整个协商和谈判过程。在遇到任何问题时,这些原则对双方当事人都会有指导作用。具体来讲,集体合同协商应该遵循的原则如下。

1. 合法原则

所谓合法,是指签订集体合同的内容和程序必须符合法律法规的强制性规定。

(1) 内容合法。集体合同的内容分为两种,即法定内容和约定内容。

法定内容是集体合同中必须规定的内容,一定要在法律法规规定的范围之内确定双方的权利义务,比如工作内容、劳动报酬、合同期限等。

约定内容是双方当事人自主规定的内容,要根据用人单位和员工双方的实际情况,合情合理地确定双方的权利义务,比如提供住房、岗位调整、合同变更等。

也就是说,在集体合同内容的合法性方面,首先应该遵守两个原则:一是法律法规

193

有规定的，从其规定；二是法律法规没有规定的，从本企业和员工的实际情况出发，按照合情、合理、公平的原则确定。

（2）程序合法。签订集体合同时不仅要注意内容合法，还要注意程序合法。签订一个集体合同的完整程序，一般来说包括：提出订立集体合同，确定集体合同谈判的代表，进行民主谈判并公开征求用人单位员工意见，在集体合同上签字，将集体合同送到劳动行政部门审查与备案。

集体合同某项内容的不合法可能仅仅导致某些条款无效，但是签订集体合同的程序不合法，往往导致整个集体合同无效，所以集体合同签订程序合法是非常重要的。

集体合同制度是一种法律制度，必须有法律规范性。集体合同只有遵循合法原则，才能被国家承认，得到国家的保护。

2. 内容具体明确原则

集体合同适用于一个微观的用人单位，各项条文规定在合法的前提下，应该尽量详细、具体。一个不具有可操作性的集体合同，没有存在的意义。

此外，用人单位可以将集体合同作为解决劳动争议的依据，如果规定得不够具体，则会无据可依。

3. 平等合作原则

平等合作原则是指双方当事人在协商过程中，地位平等，权利义务对等，相互尊重，以诚相待，兼顾双方利益，公正地解决问题，促使协议达成，而不允许采取任何过激的手段。

协商中，在不违反法律法规的前提下，双方有义务向对方提供与集体协商有关的情况和资料。对于用人单位提供的商业秘密，员工方代表不得泄露。

4. 实事求是原则

实事求是原则是指双方当事人在协商过程中，应当切实考虑用人单位的实际生产能力、生产水平和员工劳动、生活的实际需要，规定的各项内容必须具体可行。这样，签订的集体合同才便于执行，真正达到协调劳动关系的目的。

总之，集体合同协商应该遵循合法、内容具体明确、平等合作和实事求是的原则，以促进集体合同的顺利签订和履行。

> **关键点提示**
>
> 集体合同协商应遵循以下原则:
> 1.合法;2.内容具体明确;3.平等合作;4.实事求是。

5.21 如何理解劳动争议的性质

> **工作场景描述**
> 当不能确定发生争议的性质时,可查看。

解读与分析

对于用人单位而言,避免劳动争议的发生是最好不过的,但是无论预防工作做得有多好,劳动争议还是会常常不请自到。凡是有劳动关系存在的地方,就有劳动争议发生的可能。以用人单位为一方当事人的争议有多种,但是性质各有不同。分清劳动争议的性质是应对和解决争议的前提条件。

以用人单位为一方当事人的劳动争议不同于以用人单位为一方当事人的民事争议和行政争议。民事争议是平等的民事主体(包括自然人和法人)之间发生的有关民事权利和民事义务的争议。用人单位作为民事争议的一方,与对方当事人之间是平等的,但在劳动争议中,用人单位与员工作为争议的双方,存在隶属关系,员工需要服从用人单位的管理。行政争议是行政主体与行政相对人之间发生的有关行政法方面权利义务的争议。在行政争议中,争议一方一定是国家行政机关等行政主体,用人单位只能作为行政相对人而成为行政争议的另一方。而劳动争议是用人单位与员工之间在劳动权利和劳动义务方面发生分歧而引起的争议。我们可以从以下几个方面理解劳动争议这一概念的含义。

人力资源工作常见问题清单

1. 劳动争议的产生是建立在劳动关系基础之上的

劳动争议产生的前提是双方当事人之间存在一定的劳动关系。不存在劳动关系,劳动争议是无从谈起的。在我国境内的用人单位,只要员工事实上已成为用人单位的成员,并为其提供有偿劳动,就认为形成了劳动关系,而不论二者之间是否签订了书面的劳动合同。

2. 劳动争议的双方当事人,一方为企业(用人单位),一方为员工

如果争议不是发生在用人单位与员工之间,而是发生在员工与员工之间、用人单位与用人单位之间、用人单位与国家机关之间,那么即使争议内容涉及劳动方面的问题,也不构成劳动争议。比如用人单位与劳动行政主管部门在劳动行政管理过程中因执行劳动标准而发生的争议,虽然涉及劳动报酬、劳动安全卫生条件等具体的劳动问题,但是这样的争议不是劳动争议,而是行政争议。

3. 劳动争议的标的是劳动权利和劳动义务

劳动权利和劳动义务的内容,是通过法律法规和双方签订的劳动合同确定下来的,主要包括工作时间、劳动报酬、劳动安全卫生、社会保险、职工福利、职业培训、奖励惩罚等方面。以劳动权利和劳动义务以外的其他权利义务为标的的争议,例如企业因为购销合同或租赁合同而发生的争议,都不属于劳动争议。

《中华人民共和国企业劳动争议处理条例》第二条从劳动争议发生原因的角度,对我国劳动争议的范围做了规定,具体包括以下内容。

(1)因企业开除、除名、辞退职工和职工辞职、自动离职发生的争议。

(2)因执行国家有关工资、保险、福利、培训、劳动保护的规定发生的争议。

(3)因履行劳动合同发生的争议。

(4)法律、法规规定应当依照本条例处理的其他劳动争议。

目前能够通过正式法律渠道解决的劳动争议就包括以上所列举的各种劳动争议。还有一些劳动争议因不具备纳入受案范围的条件而不能进入正式的法律渠道。

正确理解劳动争议的性质,把握劳动争议的特征和了解劳动争议的范围,是解决劳动争议的前提和基础。

> **关键点提示**
>
> 用人单位理解劳动争议的性质时应当注意以下三点：
> 1.只有建立劳动关系之后，才可能发生劳动争议；2.劳动争议的一方为用人单位，另一方为员工；3.劳动权利和劳动义务是劳动争议的标的。

5.22 如何确定处理劳动争议时应遵循的原则

> **工作场景描述**
>
> 当发生劳动争议后需要了解处理的原则时，可查看。

解读与分析

劳动争议实际发生后，为了及时妥善予以解决，用人单位有必要掌握处理劳动争议的原则。处理劳动争议的原则是用人单位劳动争议调解委员会、劳动争议仲裁委员会和法院这些劳动争议处理机构在处理劳动争议时必须遵循的基本准则。劳动争议的处理原则贯穿劳动争议处理过程的始终，主要包括以下三项原则。

1. 着重调解，及时处理

"着重调解"要求劳动争议发生之后，应当优先采取调解方式使劳动关系双方在自愿的基础上解决劳动争议。双方可以先向本单位内部设立的劳动争议调解委员会申请调解。调解委员会也可以主动介入予以调解，积极促成双方达成调解协议。利用用人单位内部劳动争议调解委员会解决劳动争议是比较方便快捷的，因为调解委员会的成员来自用人单位的内部，相对而言更加熟悉和了解争议的实际情况。当在调解委员会的主持下双方确实不能达成调解协议时，才由劳动争议仲裁委员会和法院加以解决。劳动争议仲裁委员会处理劳动争议时，也必须先进行调解，调解不成的，才能进行裁决。法院受理劳动争议案件后，在不同审判阶段都应先行调解，调解不成的才进行判决。"着重调解"虽然意味着调解优先，但并不意味着调解是强制性的，双方是否接受调解，是否愿意达成调解协议，应当完全由双方当事人自主自愿决定。

"及时处理"既是对争议双方当事人的要求，也是对争议处理机构的要求。一方面，双方当事人在劳动争议发生之后，应当积极主动地向相关部门申请调解、仲裁和诉讼，通过正当的法律渠道维护自己的合法权益，否则可能会因为时效问题而产生对自己不利的后果。比如，当事人应当从知道或应当知道其权利被侵害之日起60日内，以书面形式向劳动争议仲裁委员会申请仲裁；如果过了60日才向劳动争议仲裁委员会申请仲裁，劳动争议仲裁委员会将不予受理。另一方面，争议处理机构在受理劳动争议后，应当及时处理，不得无故拖延，不得超过法律所规定的时限。比如，调解委员会调解劳动争议时，应当自当事人申请调解之日起30日内结束，到期未结束的，视为调解不成。

2. 在查清事实的基础上，依法处理

这项原则是对我国法律适用原则"以事实为依据，以法律为准绳"的具体化。

"以事实为依据"要求处理劳动争议时必须实事求是，全面客观地进行调查取证，以确保获知争议的事实真相。每一项证据都必须经过查证，才能作为处理劳动争议的事实依据。

"以法律为准绳"要求处理劳动争议时必须严格依法办事。处理劳动争议的法律依据包括实体性规范和程序性规范。无论是实体还是程序，都要遵守法律法规的规定，违反法律法规的规定而做出的调解、裁决和判决都是无效的。处理劳动争议的法律依据从形式上可以分为以下几种。

（1）法律。法律是由全国人民代表大会及其常务委员会制定的，比如《中华人民共和国劳动法》《中华人民共和国工会法》《中华人民共和国安全生产法》等。

（2）法规。法规包括两种：一是国务院制定的行政法规，二是省、自治区、直辖市或设区的市、自治州的人民代表大会及其常务委员会制定的地方性法规。

（3）部门规章、政策、文件。这主要是指国务院劳动行政部门和地方人民政府及其所属的劳动行政部门制定的规章、条例、解释、决定、通知等。

（4）集体合同、劳动合同、企业规章制度。

①集体合同是用人单位（或用人单位团体）与工会（或职工代表）之间根据法律、法

规的规定，就劳动报酬、工作时间、休息休假、劳动安全卫生、保险福利等事项在平等协商的基础上签订的书面协议。

②劳动合同是用人单位与员工订立的关于双方劳动权利和义务的协议。

③用人单位规章制度也被通俗地称为"厂规厂纪""员工守则"，是用人单位根据自身特点为本单位员工制订的行为规范。并不是所有的用人单位规章制度都可以成为处理劳动争议的依据，可以作为处理劳动争议依据的用人单位规章制度需要符合以下条件：必须是通过民主程序制订的，不能违反国家法律、行政法规及政策规定，已经向员工公示。

3. 当事人在法律面前一律平等

这一原则要求在处理劳动争议过程中，劳动争议处理机构对双方当事人应当平等对待。尽管双方所享有的权利和承担的义务内容不同，但是双方当事人的法律地位是平等的，一方不得享有凌驾于另一方之上的任何特权。

掌握处理劳动争议的原则对于妥善解决劳动争议具有重要意义。用人单位不仅要了解这些原则，更要在处理劳动争议的实践中灵活运用这些原则。

关键点提示

处理劳动争议的原则主要包括：

1.着重调解，及时处理；2.在查清事实的基础上，依法处理；3.当事人在法律面前一律平等。

5.23 如何确定解决劳动争议的途径

工作场景描述

当发生劳动争议，需要了解处理劳动争议的途径时，可查看。

解读与分析

劳动争议发生后,只有通过正当的途径才能及时妥善地予以解决,因此用人单位需要对这些具体的途径有一个清楚明确的了解。解决劳动争议的途径主要包括以下几种。

1. 劳动争议调解

在我国劳动争议处理制度中,劳动争议的调解有广义、狭义之分。广义的劳动争议调解,包括用人单位劳动争议调解委员会的调解、劳动争议仲裁委员会的调解和人民法院对劳动争议的调解。狭义的劳动争议调解仅指用人单位劳动争议调解委员会的调解。

调解一般是由与争议无利害关系的第三方对当事人之间的争议进行居中说服调和,从而解决争议的一种方式。在解决劳动争议时,劳动争议调解特指用人单位劳动争议调解委员会对双方当事人进行的调解活动,因此也被称为用人单位的基层调解。"着重调解"是我国处理劳动争议时须遵循的重要原则,贯穿劳动争议处理过程的始终。尽管都是名为"调解",但是这种基层调解区别于劳动争议仲裁委员会在仲裁过程中进行的调解和法院在审判过程中进行的调解。与仲裁过程中的调解和审判过程中的调解相比,基层调解具有以下特点。

(1)调解人不同。基层调解是由用人单位的劳动争议调解委员会进行的,而仲裁过程中的调解和审判过程中的调解分别由仲裁委员会和法院进行。

(2)遵循的程序不同。基层调解有一套自己的特别程序,而仲裁中的调解和审判中的调解需要遵循相应的仲裁程序和诉讼程序。

(3)法律效力不同。这是基层调解与仲裁中的调解和审判中的调解最大的不同。经过基层调解达成的调解协议不具有法律强制力,当事人无权申请对调解协议予以强制执行,如果一方当事人不履行调解协议,对方当事人只能另行提起劳动争议仲裁。而仲裁中的调解和审判中的调解具有法律强制力,如果一方当事人不履行调解协议,对方当事人有权向法院申请强制执行。

2. 劳动争议仲裁

仲裁是指发生争议的双方当事人将争议提交仲裁机构进行裁决从而解决争议的一种方式。与此相对应,劳动争议仲裁是指劳动争议双方当事人将争议提交劳动争议仲裁委员会予以裁决。在我国，劳动争议仲裁是解决劳动争议的必经程序，如果不经过仲裁就向法院提起诉讼，法院是不予受理的，即相对于诉讼程序而言，仲裁程序是前置的、不能跨越的。劳动争议仲裁是一种通过非司法途径解决劳动争议的方式，但是这种方式具有法律约束力，如果对仲裁结果有异议的当事人不在规定的时间内向法院提起诉讼，那么对方当事人就可以向法院申请强制执行仲裁结果。劳动争议仲裁结果不是最终的裁决结果，对仲裁结果有异议的当事人有权在规定的时间内向法院提起诉讼。

3. 劳动争议诉讼

劳动争议诉讼是解决劳动争议的最终途径，当事人对仲裁结果不服的，可以在规定的时间内向法院提起诉讼，由法院对当事人之间的劳动争议进行最后的裁决。

总之，劳动争议的解决途径包括以上三种，调解是解决劳动争议的重要途径，但不是必经途径，而仲裁是解决劳动争议的必经途径，对仲裁结果有异议的，当事人可以依法向法院提起劳动争议诉讼。

关键点提示

解决劳动争议的途径主要有三种：

1.劳动争议调解是解决劳动争议的重要途径；2.劳动争议仲裁是解决劳动争议的必经途径；3.劳动争议诉讼是解决劳动争议的最终途径。

5.24　如何在用人单位内部设立劳动争议调解委员会

工作场景描述

当想在用人单位内部设立劳动争议调解委员会时，可查看。

解读与分析

劳动争议调解委员会是指在用人单位内部依法设立的，负责调解本单位内部劳动争议的组织。

用人单位内部可以设立劳动争议调解委员会，负责调解本单位发生的劳动争议。设有分厂（或者分公司、分店）的企业，可以在总厂（总公司、总店）和分厂（分公司、分店）分别设立劳动争议调解委员会。用人单位在设立劳动争议调解委员会时，应当注意以下几点。

1. 调解委员会的组成应当合法

调解委员会应当由员工代表、用人单位代表和用人单位工会代表三方人员组成。员工代表能够反映广大员工的利益，用人单位代表反映企业的意见和态度，用人单位工会代表作为第三方，既维护用人单位员工的合法权益，也维护用人单位的合法权益。因此，由三方共同组成的调解委员会有利于全面、公正地处理纠纷、解决矛盾，更好地兼顾各方的利益。

员工代表由员工代表大会（员工大会或职员大会）推举产生，用人单位代表由用人单位法定代表人指定，用人单位工会代表由用人单位工会委员会指定。各方推举或指定的代表只能代表一方参加调解委员会。

调解委员会组成人员的具体人数由员工代表大会提出并与企业法定代表人协商确定，但用人单位代表的人数不得超过调解委员会成员总数的1/3。没有成立工会组织的用人单位，调解委员会的设立及其组成由员工代表与用人单位代表协商确定。调解委员会主任由用人单位工会代表担任，办事机构设在用人单位工会。

调解委员会委员名单应报送地方总工会和地方仲裁委员会备案。

2. 调解委员会具有法定职责

合法成立的调解委员会具有下列职责。

（1）调解本单位内发生的劳动争议。这是调解委员会的主要职责。调解委员会在接到争议双方当事人的调解申请以后，应当依法审查该争议是否属于本调解委员会的受理范围，是否符合调解的条件，对于符合条件的劳动争议应当即行受理，不予受理的应向申请人说明原因。争议一经受理，调解委员会应当对案件进行认真调查研究，在调查取证的基础上依法及时、公正调解。

（2）督促争议双方当事人履行调解协议。尽管在调解委员会主持下做出的调解协议并不具有法律强制力，但是调解委员会仍应对调解协议的履行情况进行检查，督促争议双方当事人履行调解协议。如果发现一方或双方并未履行调解协议，经督促无效，可告知当事人及时申请仲裁，以维护其合法权益。

（3）对员工进行劳动法律法规的宣传教育，做好劳动争议的预防工作。调解委员会在日常工作和生活当中，要做好劳动法律法规的宣传工作，增强用人单位管理层和员工的法律意识，预防劳动争议的发生。

3. 调解委员会有权调解一定范围内的劳动争议

调解委员会可以依法调解企业与员工之间发生的下列劳动争议。

（1）因用人单位开除、除名、辞退职工和职工辞职、自动离职发生的争议。

（2）因执行国家有关工资、社会保险、福利、培训、劳动保护的规定发生的争议。

（3）因履行劳动合同发生的争议。

（4）法律、法规规定应当调解的其他劳动争议。

用人单位劳动争议调解委员会是一个群众性组织，而不是国家行政机关和司法审判机关；它是一个调解组织，而不是一般的群众性组织；它是专门调解劳动争议的组织，而不是调解民事纠纷和其他纠纷的调解组织。

总之，用人单位在本单位内部设立劳动争议调解委员会时，应当确保调解委员会的组成、职责和受案范围符合法律规定。

关键点提示

用人单位设立劳动争议调解委员会时应注意以下几点：

1.调解委员会的组成应当合法；2.调解委员会具有法定职责；3.调解委员会有权调解一定范围内的劳动争议。

5.25 如何确定劳动争议调解的具体程序

> **工作场景描述**
> 当要了解劳动争议调解需遵循的程序时,可查看。

解读与分析

劳动争议发生后,当事人可以自愿申请将争议提交给劳动争议调解委员会处理。劳动争议调解的具体程序如下。

1. 申请与受理

如果当事人通过协商不能解决或者不愿协商解决劳动争议,可以向调解委员会申请调解。当事人应当自知道或应当知道其权利被侵害之日起30日内,以口头或书面形式向调解委员会提出申请,并填写"劳动争议调解申请书"。申请书的内容应当包括:争议的另一方、争议的问题、调解请求、请求依据的事实和理由。

调解委员会接到调解申请后,应征询对方当事人的意见,对方当事人不愿调解的,应做好记录,在3日内以书面形式通知申请人。调解委员会应在4日内做出受理或不受理申请的决定。调解委员会在受理审查中,需要审查的内容有:申请事由是否属于劳动争议?申请人是否合格?申请对方是否明确?调解请求和事实根据是否明确?经审查认为符合条件的,即予受理,并通知对方当事人;对不受理的,应向申请人说明理由。

发生争议的员工一方人数在3人以上,并有共同申诉理由的,应当推举代表参加调解活动。

2. 调解前的准备

调解委员会受理争议后,应当进一步审查申请书内容,如发现内容欠缺,应及时通知申请人补充。调解委员会还必须对争议的具体情况进行全面深入的调查,为调解做充分准备。对于调查,调解委员会既可以指派调解委员会人员对争议事实进行全面核实,也可以分别听取争议双方当事人陈述理由和意见。调查时应做笔录,并由被调查人签名或盖章。调解委员会人员进行劳动争议事项调查时,有关方面应予以配合。在查清事实的基础上,调解委员会要依法得出分析结果,拟订调解方案和调解意见,并告知双方当事人调解的具体时间和地点。

在调解开始前或者调解过程中,如果发现调解委员会人员有下列情形之一,当事人有权以口头或书面形式申请,要求其回避。

(1)是劳动争议当事人或者当事人近亲属的。

(2)与劳动争议有利害关系的。

(3)与劳动争议当事人有其他关系,可能影响公正调解的。

调解委员会对当事人提出的劳动争议调解回避申请应及时做出决定,并以口头或书面形式通知当事人。调解委员会人员的回避由调解委员会主任决定,调解委员会主任的回避由调解委员会集体研究决定。

3. 实施调解

调解委员会主任主持召开有争议双方当事人参加的调解会议,有关单位和个人可以参加调解会议,协助调解简单的争议,调解委员会可指定1~2名调解委员会人员进行调解。

调解委员会应听取双方当事人对争议事实和理由的陈述,在查明事实,分清是非的基础上,依照有关劳动法律、法规,以及依照法律法规制定的用人单位规章和劳动合同,公正调解。

4. 调解终结

调解在以下几种情况下宣告终结。

(1)当事人自行和解。当事人在调解过程中,自行和解并达成协议的,劳动争议的调解即告终结。

(2)申请人撤回调解申请。在调解过程中,当事人可能会由于主观或客观方面的诸多原因撤回调解申请。根据自愿调解的原则,调解委员会应当准许其撤回申请,并终结调解。

(3)一方或双方当事人拒绝调解。

(4)争议双方当事人达不成协议,致使调解不成,或者法定的调解期限已到。调解委员会调解劳动争议，应当自当事人申请调解之日起30日内结束。到期未结束的，视为调解不成。调解不成的，应做记录，并在调解意见书上说明情况，由调解委员会主任签名、盖章，并加盖调解委员会印章，调解意见书一式三份（争议双方当事人、调解委员会各一份）。

（5）双方当事人达成调解协议。经调解达成协议的，调解委员会制作调解协议书，双方当事人应自觉履行。协议书上应写明争议双方当事人的姓名（单位为法定代表人姓名）、职务、争议事项、调解结果及其他应说明的事项，由调解委员会主任（简单争议由调解委员会人员）以及双方当事人签名或盖章，并加盖调解委员会印章，调解协议书一式三份（争议双方当事人、调解委员会各一份）。

5. 调解协议的执行

双方当事人应当自觉执行调解协议。如果当事人拒不执行，调解委员会只能劝说或督促其执行，但无权强制其执行，当事人也不能请求人民法院强制对方执行。对于不能履行或不愿意履行调解协议的，一方当事人可以依法向仲裁委员会申请仲裁。

总之，劳动争议调解委员会在调解劳动争议的过程中应当遵循以上程序，严格按照规定办事。

关键点提示

劳动争议调解的具体程序：

1.申请与受理；2.调解前的准备；3.实施调解；4.调解终结；5.调解协议的执行。

5.26 如何认识劳动争议仲裁委员会

工作场景描述

当发生劳动争议后，当事人一方希望通过劳动仲裁解决纠纷时，可查看

解读与分析

发生劳动争议后，调解不成，当事人一方要求仲裁的，可以请求劳动争议调解委员会向劳动争议仲裁委员会申请仲裁；当事人一方也可以直接向劳动争议仲裁委员会申请仲裁。用人单位应当对劳动争议仲裁委员会的组成有所了解，以便更好地参加仲裁，有效解决劳动争议。

1. 劳动争议仲裁委员会的组成

（1）劳动争议仲裁委员会的组成体现"三方性"原则，即劳动争议仲裁委员会的人员组成包括三方代表——劳动行政主管部门的代表、同级工会的代表和用人单位方面的代表。

（2）劳动争议仲裁委员会的组成人数是单数。只有这样，才不会出现持不同意见的仲裁员相持不下的局面，在意见不同的情况下，可以采用少数服从多数的原则予以解决。

（3）劳动争议仲裁委员会设主任1人，副主任1~2人，委员若干人。委员由组成劳动争议仲裁委员会的三方组织各自选派，主任由同级劳动行政主管部门的负责人担任，副主任由劳动争议仲裁委员会委员协商产生。

2. 处理劳动争议时实行仲裁庭制度

劳动争议仲裁委员会处理劳动争议时会组建仲裁庭。仲裁庭在仲裁委员会的领导下处理劳动争议，实行一案一庭制。仲裁庭由1名首席仲裁员、2名仲裁员组成。对于简单案件，仲裁委员会将指定一名仲裁员独立处理。仲裁庭的首席仲裁员由仲裁委员会负责人指定或授权其办事机构负责人指定；两名仲裁员由仲裁委员会授权其办事机构负责人指定或由当事人双方各选1名；仲裁庭的书记员由仲裁委员会办事机构指定，负责仲裁庭的记录工作，并承办与仲裁庭有关的具体事项。仲裁庭组成不符合规定的，由仲裁委员会予以撤销，重新组成仲裁庭。

仲裁庭是在仲裁委员会的授权和指导下，以仲裁委员会的名义独立仲裁劳动争议案件，并对仲裁委员会负责的专门机构。对于重大的或者疑难案件的处理，仲裁庭应当提交劳动争议仲裁委员会讨论决定。对于仲裁委员会的决定，仲裁庭必须执行。

仲裁委员会的组成符合三方性原则，仲裁庭作为具体处理劳动争议案件的机构，对仲裁委员会负责。

关键点提示

用人单位在了解劳动争议仲裁委员会时应当注意以下两点：
1.仲裁委员会的人员组成、人数特点、负责人等应符合法律规定；2.仲裁庭以仲裁委员会的名义独立处理具体劳动争议。

5.27　劳动争议仲裁的具体程序是什么

工作场景描述

当发生劳动争议，需要确定劳动争议仲裁的具体程序时，可查看。

解读与分析

仲裁作为诉讼前的法定必经程序，是处理劳动争议的主要方式。劳动争议仲裁的具体程序如下。

1. 确定管辖权

地方各级仲裁委员会劳动争议的管辖范围由省、自治区、直辖市人民政府确定。仲裁委员会发现受理的案件不属于本委员会管辖范围时，应当移送至有管辖权的仲裁委员会。仲裁委员会之间因管辖权发生争议时，由双方协商解决；协商不成时，由共同的上级劳动行政主管部门指定管辖。发生劳动争议的单位与职工不在同一个仲裁委员会管辖地区的，由当事人工资关系所在地的仲裁委员会受理。

2. 申请与受理

仲裁委员会仲裁劳动争议时必须要有当事人的申请，否则无权仲裁。当事人应当从知道或者应当知道其权利被侵害之日起60日内，以书面形式向仲裁委员会申请仲裁。当事人因不可抗力或者有其他正当理由超过仲裁时效申请仲裁的，仲裁委员会应当受理。

当事人向仲裁委员会申请仲裁时，应当提交仲裁申请书。申请书应当载明下列事由。

（1）劳动争议当事人的姓名、职业、住址和工作单位。

（2）用人单位的名称、地址和法定代表人的姓名、职务。

（3）仲裁请求和所根据的事实和理由，证据、证人的姓名和住址。

（4）委托代理人的，要有委托书，以表明代理人的代理权限和资格。

（5）申请日期。

仲裁委员会应当自收到仲裁申请书之日起7日内做出受理或者不予受理的决定。仲裁委员会的办事机构负责劳动争议案件受理的日常工作，在接到仲裁申请书后，应对下列事项进行审查。

（1）申诉人是否与本案有直接利害关系？

（2）申请仲裁的争议是否属于劳动争议？

（3）申请仲裁的劳动争议是否属于仲裁委员会的受理内容？

（4）该劳动争议是否属于本仲裁委员会管辖？

（5）申请书及有关材料是否齐备并符合要求？

（6）申请时间是否符合申请仲裁的时效规定？

对申诉材料不齐备或有关情况不明确的仲裁申请书，仲裁委员会办事机构人员应当指导申诉人予以补充、明确。

对于经审查符合受理条件的案件，仲裁委员会办事机构人员应填写"立案审批表"并及时报仲裁委员会或其办事机构负责人审批。对"立案审批表"，仲裁委员会或其办事机构负责人应自填表之日起7日内做出决定。决定不予立案的，应当自做出决定之日起7日内制作不予受理通知书，送达申诉人；决定立案的，应当自做出决定之日起7日内向申诉人发出书面通知，将申诉书副本送达被诉人，并要求其在15日内提交答辩书和证据。被诉人不提交答辩书的，不影响案件的处理。

3. 仲裁前的准备

仲裁委员会决定受理劳动争议案件后，应自立案之日起7日内组成仲裁庭。对事实清楚、案情简单、适用法律法规明确的案件，可由1名仲裁员独自处理。仲裁庭成员应审阅申诉、答辩材料，调查、收集证据，查明争议事实，并根据调查的事实拟订处理方案。

仲裁委员会的成员或指定的仲裁员、书记员、鉴定人、勘验人以及翻译人员，应当遵守《中华人民共和国企业劳动争议处理条例》中有关回避问题的规定。仲裁委员会主任的回避，由仲裁委员会决定；仲裁委员会仲裁员和其他人员的回避，由仲裁委员会主任决定。仲裁委员会或仲裁委员会主任对回避申请应在7日内做出决定，并以口头或书面方式通知当事人。

4. 审理

案件的审理一般包括以下程序。

（1）通知。仲裁庭审理劳动争议案件时，应于开庭4日前，将写明仲裁庭组成人员，开庭时间、地点的书面通知送达当事人。

（2）调解。仲裁庭审理劳动争议时应当先行调解。经调解达成协议的，仲裁庭应当根据协议内容制作仲裁调解书，调解书自送达当事人之日起具有法律效力。调解未达成协议，或仲裁调解书送达前当事人反悔，以及当事人拒绝接收调解书的，仲裁庭应及时裁决。

（3）开庭裁决。开庭裁决主要包括以下几个阶段。

①由书记员查明双方当事人、代理人及有关人员是否到庭，宣布仲裁庭纪律。

②首席仲裁员宣布开庭，宣布仲裁员、书记员名单，告知双方当事人申诉、申辩的权利和义务，询问双方当事人是否申请回避并宣布案由。

③听取申诉人的申诉和被诉人的答辩。

④仲裁员以询问方式，对需要进一步了解的问题进行当庭调查，并征询双方当事人的最后意见。

⑤根据双方当事人的意见，当庭再行调解。

⑥不宜进行调解或调解不能达成协议时，应及时休庭合议并做出裁决。

⑦对仲裁庭难以得出结论或需提交仲裁委员会决定的疑难案件，仲裁庭应当宣布延期裁决。

（4）裁决。仲裁庭做出裁决后，应制作仲裁裁决书。裁决书由仲裁员署名，加盖仲裁委员会印章，送达双方当事人。仲裁庭当庭裁决的，应当在7日内向双方当事人发送裁决书；定期另庭裁决的，应当当庭发给双方当事人裁决书。

（5）送达。可以通过直接送达、留置送达、委托送达、邮寄送达、公告送达等方式，将仲裁法律文书送至双方当事人。

5. 法律文书的生效和执行

仲裁调解书自送达当事人之日起生效；仲裁裁决书在起诉期满之后生效，即自当事人收到裁决书之日起15日后期满不起诉的，裁决书即发生法律效力。仲裁委员会做出仲裁裁决后，当事人对裁决中的部分事项有异议，依法向法院起诉的，仲裁裁决不发生法律效力。仲裁委员会对多个员工的劳动争议做出仲裁裁决后，部分员工对仲裁裁决有异议，依法向法院起诉的，仲裁裁决对提出起诉的员工不发生法律效力；对未提出起诉的部分员工，发生法律效力。

生效的调解书和裁决书，当事人必须执行。一方当事人若不执行，另一方当事人可以申请法院强制执行。但是，当事人申请法院执行劳动争议仲裁机构做出的发生法律效力的调解书、裁决书时，被申请人提出证据证明劳动争议仲裁裁决书、调解书有下列情形之一，并经审查核实的，法院可以根据《中华人民共和国民事诉讼法》的规定，裁定不予执行。

（1）裁决的事项不属于劳动争议仲裁范围，或者劳动争议仲裁机构无权仲裁的。

（2）适用法律确有错误的。

（3）仲裁员仲裁该案时，有徇私舞弊、枉法裁决行为的。

（4）人民法院认定执行该劳动争议仲裁裁决违背社会公共利益的。

法院在不予执行的裁定书中，应当告知当事人在收到裁定书次日起30日内，可以就该劳动争议事项向法院起诉。

6. 仲裁监督

各级仲裁委员会主任对本委员会已发生法律效力的裁决书，发现确有错误，需要重新处理的，应提交本仲裁委员会决定。决定重新处理的争议，由仲裁委员会决定终止原裁决的执行。仲裁委员会宣布原仲裁裁决书无效后，应自宣布无效之日起7日内另行组成仲裁庭。仲裁庭再次处理劳动争议案件，并应当自组成仲裁庭之日起30日内结案。

总之，劳动争议仲裁一般要经过以上程序，用人单位在参加仲裁时有权行使和应当履行各个仲裁阶段的权利和义务。

关键点提示

用人单位应了解仲裁程序：

1.确定管辖权；2.申请与受理；3.仲裁前的准备；4.审理；5.法律文书的生效与执行；6.仲裁监督。

5.28 如何进行劳动争议诉讼

工作场景描述

当劳动争议双方当事人不服劳动争议仲裁机构的裁决而向法院提起诉讼时，可查看。

解读与分析

劳动争议诉讼是指劳动争议双方当事人不服劳动争议仲裁机构的裁决，依法向人民法院起诉并由人民法院按法律规定的程序进行审理和判决的活动。

诉讼是处理劳动争议的最终途径，是劳动争议的最终解决方式，对于保护当事人的合法权益是非常必要的。通过法院解决劳动争议一般要经过以下程序。

1. 起诉与受理

（1）一般受理条件。

当事人向法院起诉必须符合法定条件。一般情形下，只有符合法定条件的起诉，法院才予以受理。法定条件主要包括以下内容。

①起诉人必须是劳动争议案件的当事人。

②必须是因不服劳动争议仲裁机构的裁决而向法院起诉。

③必须有明确的被告、具体的诉讼请求和事实依据，不得将仲裁委员会作为被告向法院起诉。

④起诉不得超过法定期限。当事人必须在收到裁决书之日起15日内向人民法院起诉，超过这一期限，除有正当理由之外，法院不予受理或裁定驳回。调解协议达成以后，调解协议书自送达当事人之日起产生法律效力，当事人无权再行起诉，即使起诉，法院也不予受理。

⑤起诉必须向有管辖权的法院提出。劳动争议案件由用人单位所在地或者劳动合同履行地的基层法院管辖。

对于符合以上条件的起诉，法院应当受理；不符合以上条件的，则不予受理。

（2）特殊情形。对于一些特殊情形下的当事人起诉，法院应当分情况予以受理。

法院应当受理的情况主要包括以下几种。

①员工与用人单位在履行劳动合同过程中发生的纠纷；员工与用人单位之间没有订立劳动合同，但已经形成事实劳动关系后发生的纠纷；员工退休后，与尚未参加社会保险统筹的原用人单位因追索养老金、医疗费、工伤保险待遇和其他社会保险费而发生的纠纷。这些纠纷如果属于《中华人民共和国劳动法》规定的劳动争议，且当事人不服劳动争议仲裁委员会做出的裁决，依法向法院起诉，法院应当受理。

②仲裁委员会以当事人申请仲裁的事项不属于劳动争议为由，做出不予受理的决定，当事人有异议，依法向法院起诉的，如果属于劳动争议案件，法院应当受理；虽不属于劳动争议案件，但属于法院主管的其他案件，法院也应当依法受理。

③仲裁委员会以当事人的仲裁申请超过60日期限为由，做出不予受理的决定，当事人有异议，依法向法院起诉的，法院应当受理。

④仲裁委员会为纠正原仲裁裁决错误重新做出裁决，当事人有异议，依法向法院起诉的，法院应当受理。

法院不予受理的情况主要包括以下几种。

①当事人的仲裁申请确已超过仲裁申请期限，又无不可抗力或者其他正当理由的，法院可依法驳回其诉讼请求。

②仲裁委员会以申请仲裁的主体不合格为由，做出不予受理的决定，当事人有异议，依法向法院起诉，经审查，确属主体不合格的，法院裁定不予受理或者驳回起诉。

③劳动争议仲裁委员会仲裁的事项不属于法院受理的案件范围，当事人有异议，依法向法院起诉的，法院裁定不予受理或者驳回起诉。

④法院受理劳动争议案件后，当事人增加诉讼请求的，如该诉讼请求与讼争的劳动争议具有不可分性，应当合并审理；如属独立的劳动争议，应当告知当事人向劳动争议仲裁委员会申请仲裁。

2. 审理

法院在受理劳动争议案件之后，依照民事诉讼程序进行审理，实行两审终审制。基层法院和它派出的法庭受理的事实清楚、权利义务关系明确、争议不大的简单的劳动争议案件，可以适用简易程序，由审判员一人独任审理；除此以外的其他劳动争议案件，适用第一审普通诉讼程序予以审理。其各自的具体程序参照《中华人民共和国民事诉讼法》中的相关规定。当事人对一审判决有异议的，有权在判决书送达之日起15日内向上一级法院上诉。当事人对生效的判决书及调解书，均可申请再审，是否再审由法院决定。

除应遵守民事诉讼中的一般性规定外，法院在审理过程中还需要特别注意以下几个问题。

（1）有关诉讼参加人的问题。当事人双方不服仲裁委员会做出的同一仲裁裁决，向同一法院起诉的，先起诉的一方当事人为原告，但对双方的诉讼请求，法院应当一并做出裁决。用人单位与其他单位合并的，合并前发生的劳动争议，由合并后的单位充当当事人；用人单位分立为若干单位的，其分立前发生的劳动争议，由分立后的实际用人单位充当当事人；用人单位分立为若干单位后，承受劳动权利义务的单位不明确的，分立后的单位均为当事人；用人单位招用尚未解除劳动合同的员工，原用人单位以新的用人单位和员工共同侵权为由向人民法院起诉的，新的用人单位和员工为共同被告；员工在用人单位与其他平等主体之间的承包经营期间，与发包方和承包方双方或者一方发生劳动争议，依法向法院起诉的，应当将承包方和发包方列为当事人；用人单位招用尚未解除劳动合同的员工，原用人单位与员工发生劳动争议，依法向法院起诉的，可以列新的用人单位为第三人，原用人单位以新的用人单位侵权为由向人民法院起诉的，可以列员工为第三人。

（2）有关举证责任的问题。在劳动争议中，员工相对于用人单位而言处于弱势地位，所以，应用传统的谁举证谁负举证责任的规定来处理劳动争议案件，对员工而言是不公平的。基于此，劳动争议诉讼在特定情况下适用举证责任倒置的原则，即员工对于自己提出的举证，不负举证责任，而是由用人单位负举证责任。这些特定情况主要包括因用人单位做出开除、除名、辞退、解除劳动合同、减少劳动报酬、计算员工工作年限等决定而发生劳动争议的情况。

（3）有关用人单位内部规章效力的问题。并不是所有的用人单位的内部规章都可以作为法院审理劳动争议案件的依据，只有符合下列条件的用人单位的内部规章才可以作为法院审理劳动争议案件的依据。

①根据《中华人民共和国劳动法》的规定，通过民主程序制订。

②不违反国家法律、行政法规及政策规定。

③已向员工公示。

（4）有关判决的问题。法院应区别不同的诉讼请求做出判决：用人单位对员工做出的开除、除名、辞退等处理，或者因其他原因解除劳动合同确有错误的，法院可以依法判决予以撤销；对于追索劳动报酬、养老金、医疗费以及工伤保险待遇、经济补偿金、培训费及其他相关费用等案件，给付数额不当的，法院可予以变更。

3. 执行

经法院审理做出的发生法律效力的调解书、裁定书和判决书，当事人应当在规定的期限内履行。一方当事人逾期不履行的，另一方当事人可申请法院强制执行。

总之，当事人在进行劳动争议诉讼时应遵循诉讼的程序性规定，以使诉讼顺利进行，及时解决双方的劳动争议。

关键点提示

通过诉讼解决劳动争议一般要经过以下程序：

1. 起诉与受理；2. 审理；3. 执行。

5.29 如何处理集体劳动争议

> **工作场景描述**
> 当发生集体劳动争议需要解决时，可查看。

解读与分析

对于集体劳动争议的处理，我国法律做出了不同于一般劳动争议的特殊处理规定。用人单位在面临集体劳动争议时应当注意遵守相关的法律规定，这些法律规定主要包括以下内容。

1.《中华人民共和国劳动法》中的规定

《中华人民共和国劳动法》针对集体劳动争议的不同内容而规定了不同的处理方式。第八十四条规定，因签订集体合同发生争议，当事人协商解决不成的，当地人民政府劳动行政部门可以组织有关各方协调处理；因履行集体合同发生争议，当事人协商解决不成的，可以向劳动争议仲裁委员会申请仲裁；对仲裁裁决有异议的，可以自收到仲裁裁决书之日起十五日内向人民法院提起诉讼。

2. 对集体劳动争议进行仲裁的特殊规定

对集体劳动争议进行的仲裁，与一般的仲裁程序不同，具体表现在以下几个方面。

（1）管辖。县级仲裁委员会认为有必要时，可以将集体劳动争议报请市（地、州、盟）仲裁委员会处理。

（2）受理。仲裁委员会应当自收到集体劳动争议申诉书之日起3日内做出受理或者不予受理的决定。仲裁委员会在做出受理决定的同时，组成特别仲裁庭，用通知书或布告形式通知当事人；决定不予受理的，应当说明理由。受理通知书送达当事人或受理布告公布后，当事人不得有激化矛盾的行为。

（3）仲裁庭的组成。仲裁委员会处理集体劳动争议时，应当组成特别仲裁庭。特别仲裁庭由3名以上（单数）的仲裁员组成。

（4）开庭仲裁。仲裁庭对集体劳动争议应按照就地、就近的原则进行处理，开庭场所可设在发生争议的企业或其他便于及时办案的地方。

（5）调解。仲裁庭处理集体劳动争议时应先行调解，或者促成职工代表与企业代表召开协商会议，在查明事实的基础上促使当事人自愿达成协议。调解达成协议的，调解书自送达当事人或布告公布之日起即发生法律效力。

（6）裁决。调解或协商未能达成协议的，仲裁庭应当及时裁决。仲裁庭做出裁决后，应制作裁决书送达当事人，或用布告形式公布。

（7）仲裁时限。仲裁庭处理集体劳动争议，应当自组成仲裁庭之日起15日内结束。案情复杂需要延期的，报仲裁委员会批准，可以适当延期，但是延长的期限不得超过15日。

（8）汇报。对受理的集体劳动争议及其处理结果，仲裁委员会应及时向当地人民政府汇报。

总之，由于集体劳动争议涉及的人数多、社会影响大，因此法律对集体劳动争议的处理做出了特殊规定，用人单位在处理集体劳动争议时应当遵守以上特殊规定。

关键点提示

用人单位在面对集体劳动争议时应当注意遵守相关法律规定：

1.《中华人民共和国劳动法》中的规定；2.对集体劳动争议进行仲裁的特殊规定。

第6章

员工保险福利办理工作常见问题

保险与福利待遇是企业给予员工利益保障的一种制度安排，每个员工都十分关注。它也是用人单位吸引人才、增强企业凝聚力的一项重要管理策略。因此，建立健全的保险与福利管理制度对于企业的长远发展尤为重要。

6.1 如何为员工办理养老保险

工作场景描述
当要为员工办理养老保险时,可查看。

解读与分析

养老保险是国家和社会根据一定的法律和法规,为解决劳动者在达到国家规定的解除劳动义务的劳动年龄界限,或因年老丧失劳动能力退出劳动岗位后的基本生活而建立的一种社会保险制度。

我国现阶段的养老保险制度分为三个层次,即基本养老保险、企业补充养老保险和个人储蓄性养老保险。其中,基本养老保险是法定的强制性保险,企业应当为员工办理;而企业补充养老保险和个人储蓄性养老保险是自愿性保险,是否办理由企业和员工视本企业和个人的情况而定。

1. 基本养老保险实行社会统筹和个人账户相结合的运行方式

企业应向当地的社会保险经办机构办理养老保险登记,按时足额缴纳和代缴养老保险费。企业缴纳的基本养老保险费一般不超过企业工资总额的20%(包括划入个人账户部分),具体比例由企业所在省、自治区或直辖市的人民政府确定。养老保险金的给付有三种办法,即"新人新办法""老人老办法"和"中人中办法"。

所谓"新人新办法",是指国务院发布的《国务院关于建立统一的企业职工基本养老保险制度的决定》实施后参加工作的职工,个人缴费年限累计满15年的,退休后按月发给基本养老金。基本养老金由基础养老金和个人账户养老金组成。退休时的基础养老金月标准为省、自治区、直辖市或地级市上年度职工月平均工资的20%,个人账户养老金月标准为本人账户储存额除以120所得数额。个人缴费年限累计不满15年的,退休后不享受基础养老金待遇,其个人账户储存额一次性支付给本人。

所谓"老人老办法",是指在《国务院关于建立统一的企业职工基本养老保险制度的决定》实施前已经退休的人员，仍按国家原来的规定发给其养老金，同时执行养老金调整办法。

所谓"中人中办法"，是指在《国务院关于建立统一的企业职工基本养老保险制度的决定》实施前参加工作、实施后退休且个人缴费和视同缴费年限累计满15年的人员，按照新老办法平稳衔接、待遇水平基本平衡等原则，在发给基础养老金和个人账户养老金的基础上再加发过渡性养老金，过渡性养老金用养老保险基金支付。

2. 国家鼓励发展企业补充养老保险

企业补充养老保险是指企业根据自身的经济条件，在国家规定的政策下为本企业员工建立的一种辅助性的养老保险。企业补充养老保险费可由企业完全承担，或由企业和员工双方共同承担，各自承担的具体比例可以由双方协商确定。企业可以授权由劳资双方组成的董事会办理有关补充养老保险的具体事宜。企业补充养老保险由劳动保障行政部门进行管理，企业应选择经劳动保障行政部门认定的机构经办。

3. 员工个人可以自愿办理个人储蓄性养老保险

个人储蓄性养老保险是指由员工自愿参加、自愿选择经办机构的一种保险形式。员工个人可以根据自己的工资收入情况，按规定缴纳个人储蓄性养老保险费，记入养老保险个人账户中，所得利息记入个人账户，本息一并归员工个人所有。员工退休后，个人账户中的储蓄性养老保险金一次性或分次支付给员工本人。个人账户中的储蓄性养老保险金可以继承。

总之，对于基本养老保险，企业必须为员工办理，没有选择的余地。但是对于企业补充养老保险和个人储蓄性养老保险，选择权在企业和员工的手中。

关键点提示

企业在为员工办理养老保险时应当注意以下几点：

1.企业应当按法律规定为本企业员工办理基本养老保险；2.国家鼓励企业为本企业员工办理企业补充养老保险；3.员工个人可以自愿办理个人储蓄性养老保险。

6.2　如何为员工办理医疗保险

> **工作场景描述**
> 当为本企业的员工办理医疗保险时，可查看。

解读与分析

医疗保险是为了补偿劳动者因疾病风险造成的经济损失而建立的一项社会保险制度。

1. 基本医疗费由企业和员工双方共同负担

基本医疗费由企业和员工共同缴纳。企业缴费率控制在员工工资总额的6%左右，员工缴费率一般为本人工资收入的2%。当然，企业和员工的缴费率不是固定的，随着经济的发展，可以做相应的调整。

2. 基本医疗保险基金的构成

基本医疗保险基金由统筹基金和个人账户构成。员工个人缴纳的基本医疗保险费，全部记入个人账户。企业缴纳的基本医疗保险费分为两部分，一部分用于建立统筹基金，一部分划入个人账户。划入个人账户的比例一般为企业缴费额的30%左右，具体比例由统筹地区根据个人账户的支付范围和员工年龄等因素确定。统筹基金和个人账户有各自划定的支付范围，分别核算。统筹基金的起付标准原则上控制在当地员工年平均工资的10%左右，最高支付限额原则上控制在当地员工年平均工资的4倍左右。起付标准以下的医疗费，从个人账户中支付或由个人支付。起付标准以上、最高限额以下的医疗费用，主要从统筹基金中支付，个人也要负担一定比例。超过最高支付限额的医疗费用，可以通过商业医疗保险等途径解决。统筹基金的具体起付标准、最高支付限额，以及在起付标准以上和最高支付限额以下的医疗费用的个人负担比例，由统筹地区根据以支定收、收支平衡的原则确定。

3. 妥善解决有关人员的医疗待遇

这里所谓的有关人员的医疗待遇，包括以下几个方面。

（1）离休人员、老红军的医疗待遇不变，医疗费用按原资金渠道解决，支付确有困难的，由同级人民政府帮助解决。

（2）二等乙级以上革命伤残军人的医疗待遇不变，医疗费用按原资金渠道解决，由社会保险经办机构单独列账管理。医疗费支付不足部分，由当地人民政府帮助解决。

（3）退休人员参加基本医疗保险，个人不缴纳基本医疗保险费。对退休人员个人账户的计入金额和个人负担医疗费的比例给予适当照顾。

（4）国家公务员在参加基本医疗保险的基础上，享受医疗补助政策。具体办法另行制定。

（5）允许建立企业补充医疗保险。企业补充医疗保险费在工资总额4%以内的部分，从员工福利费中列支；福利费不足列支的部分，经同级财政部门核准后列入成本。

（6）国有企业下岗员工的基本医疗保险费，包括单位缴费和个人缴费，均由再就业服务中心按照当地上年度员工平均工资的60%为基数缴纳。

总之，企业在为本企业的员工办理医疗保险时应当遵守法律规定，特别要注意以上所列举的各点，毕竟医疗保险对于保障员工的基本生活水平具有重要的作用。

关键点提示

企业在为员工办理医疗保险时应当注意以下几点：

1.企业和员工共同承担基本医疗保险费；2.基本医疗保险统筹基金和个人账户有其各自的支付范围；3.应当妥善解决有关人员的医疗待遇。

6.3 如何为员工办理失业保险

> **工作场景描述**
> 当为员工办理失业保险时，可查看。

解读与分析

失业保险是指国家通过立法强制实行的，由用人单位、职工个人缴费及国家财政补贴等渠道筹集资金建立失业保障基金，为因失业而暂时中断生活来源的劳动者提供物质帮助，以保障其基本生活，并通过专业训练、职业介绍等手段为其再就业创造条件的制度。

劳动是人们谋生的重要手段，失业有可能会使员工个人和其他家庭成员的生活面临危机。因此，法律强制要求企业为员工办理失业保险。企业在为本企业员工办理失业保险时应注意以下问题。

1. 失业保险费由企业和员工共同负担

企业按照本企业工资总额的2%缴纳失业保险费，员工按照本人工资的1%缴纳失业保险费。省、自治区、直辖市人民政府根据本行政区域失业人员数量和失业保险基金数额，报经国务院批准，可以适当调整本行政区域失业保险费的费率。

2. 企业应当及时为失业人员出具相关证明

企业应当及时为失业人员出具终止或者解除劳动关系的证明，告知其按照规定享有享受失业保险待遇的权利，并将失业人员的名单自终止或者解除劳动关系之日起7日内报社会保险经办机构备案。失业的员工应当持企业出具的终止或者解除劳动关系的证明，及时到指定的社会保险经办机构办理失业登记。

3. 失业的员工领取失业保险金必须具备一定的条件

只有具备下列条件的失业员工才有权领取失业保险金。

（1）按照规定参加失业保险，所在单位和本人已按照规定履行缴费义务满1年的。

（2）非因本人意愿中断就业的。

（3）已办理失业登记，并有求职要求的。

4. 领取失业保险金有一定的时间限制

失业的员工失业前所在企业和本人按照规定累计缴费满1年不足5年的，领取失业保险金的期限最长为12个月；累计缴费时间满5年不足10年的，领取失业保险金的期限最长为18个月；累计缴费时间10年以上的，领取失业保险金的期限最长为24个月。重新就业后再次失业的，缴费时间重新计算，领取失业保险金的期限可以与前次失业应领取而尚未领取的失业保险金的期限合并计算，但是最长不得超过24个月。

5. 除失业保险金外，失业的员工有权享受其他失业保险待遇

失业的员工在领取失业保险金期间患病就医的，可以按照规定向社会保险经办机构申请领取医疗补助金。失业的员工在领取失业保险金期间死亡的，对其亲属一次性发放丧葬补助金和抚恤金。

6. 一定情形下应停止领取失业保险金和享受其他失业保险待遇

失业的员工在领取失业保险金期间有下列情形的，应当停止领取失业保险金，并同时停止享受其他失业保险待遇。

（1）重新就业的。

（2）应征服兵役的。

（3）移居境外的。

（4）享受基本养老保险待遇的。

（5）被判刑收监执行或者被劳动教养的。

（6）无正当理由，拒不接受当地人民政府指定的部门或者机构介绍工作的。

（7）有法律、行政法规规定的其他情形的。

7. 对农民合同制工人的特殊规定

城镇企业事业单位招用的农民合同制工人本人不缴纳失业保险费。企业招用的农民合同制工人连续工作满1年，本企业已缴纳失业保险费，劳动合同期满未续订或者提前解除劳动合同的，由社会保险经办机构根据其工作时间的长短，向其支付一次性生活补助费。

综上所述，无论是企业为员工办理失业保险还是员工个人领取失业保险金或者享受其他失业保险待遇，都应当遵循以上要求和规定。

关键点提示

企业为员工办理失业保险时应当注意以下几点：

1.企业和员工双方共同负担失业保险费；2.企业应当及时为失业员工出具有关失业的证明；3.失业员工领取失业保险金需要具备一定的条件；4.失业员工领取失业保险金有一定的期限；5.失业员工有权享受失业保险金以外的其他失业保险待遇；6.失业员工在一定情形下应停止享受包括失业保险金在内的所有失业保险待遇；7.农民合同制工人的失业保险有其特殊规定。

6.4 如何为员工办理工伤保险

工作场景描述

当为员工办理工伤保险时，可查看。

解读与分析

工伤保险，是指劳动者在工作中或在规定的特殊情况下，遭受意外伤害或患职业病导致暂时或永久丧失劳动能力以及死亡时，劳动者或其遗属从国家和社会获得物质帮助的一种社会保险制度。

为了保障因工作遭受事故伤害或者患有职业性疾病的员工获得医疗救助和经济补偿，促进工伤预防和职业康复，企业应当为本企业的员工办理工伤保险。企业在办理工伤保险的过程中应当注意以下几点。

1. 工伤保险费由企业单方缴纳

世界各国对工伤保险费的筹集都采取员工个人不缴费的原则，我国也不例外，工伤保险费主要由企业承担。但是不同的企业缴纳的工伤保险费是不同的，这是因为国家根据不同行业的工伤风险程度确定行业的差别费率，并根据工伤保险费使用、工伤发生率等情况在每个行业内确定若干费率档次，然后统筹地区经办机构根据企业工伤保险费使用、工伤发生率等情况，适用所属行业内相应的费率档次，确定每个企业的缴费费率。

2. 应当认定为工伤的情况

事故伤害和职业病是两种不同的可以获得工伤保险赔偿的保险事故，其中事故伤害是指员工在工作过程中因执行任务而受到的意外伤害。

与事故伤害不同，职业病是指企业的员工在职业活动中，因接触粉尘，放射性物质和其他有毒、有害物质等而引起的疾病。由于职业病是基于职业劳动的危险性和危害性产生的，因此企业也应当对患有职业病的员工承担赔偿责任。职业病作为一种慢性伤害，在实践中很难认定，所以职业病的范围一般是由法律直接规定的。只有列入法律法规或法定部门所规定的职业病名单中的疾病，才是法律承认的职业病。我国现在的法定职业病有十大类，共132种。在国家规定的职业病范围之外，各地区、各部门需要增补的职业病病种，应报中华人民共和国国家卫生健康委员会审批。

根据我国有关法律法规的规定，员工有下列情形之一的，应当认定为工伤。

（1）在工作时间和工作场所内，因工作原因受到事故伤害的。

（2）工作时间前后，在工作场所内，从事与工作有关的预备性或收尾性工作受到事故伤害的。

（3）在工作时间和工作场所内，因履行工作职责受到暴力等意外伤害的。

（4）患职业病的。

（5）因工外出期间，由于工作原因受到伤害或者发生事故下落不明的。

（6）在上下班途中，受到机动车事故伤害的。

（7）法律、行政法规规定应当认定为工伤的其他情形。

在实践中，员工有下列情形的，视同工伤。

（1）在工作时间和工作岗位上，突发疾病死亡或者在48小时之内经抢救无效死亡的。

（2）在抢险救灾等维护国家利益、公共利益活动中受到伤害的。

（3）员工原在军队服役，因战、因公负伤致残，已取得革命伤残军人证，到企业后旧伤复发的。

3. 工伤认定应遵循法定程序

员工发生事故伤害或者按照《中华人民共和国职业病防治法》的规定被诊断、鉴定为职业病后，所在企业应当自事故伤害发生之日或者被诊断、鉴定为职业病之日起30日内，向统筹地区劳动保障行政部门提出工伤认定申请。遇有特殊情况，经劳动保障行政部门同意，申请时限可以适当延长。企业如果不能及时提出工伤认定申请，工伤职工或者其直系亲属、工会组织在事故伤害发生之日或者被诊断、鉴定为职业病之日起1年内，可以直接向企业所在地统筹地区劳动保障行政部门提出工伤认定申请。如果企业未能在规定的时限内提交工伤认定申请，那么在此期间发生的符合规定的工伤待遇等有关费用由企业承担。

企业提交工伤认定申请时，应当提交以下材料。

（1）工伤认定申请表。

（2）与企业存在劳动关系（或事实劳动关系）的证明材料。

（3）医疗诊断证明或者职业病诊断证明书（或职业病诊断鉴定书）。

工伤认定申请表应当包括事故发生的时间、地点、原因，伤害部位，诊断时间，职业病名称等基本情况。工伤认定申请人提交的材料不完整的，劳动保障行政部门应当一次性书面告知工伤认定申请人需要补齐的全部材料。申请人按照书面告知补齐材料后，劳动保障行政部门应当受理。员工或其直系亲属认为是工伤而企业不认为是工伤的，由企业承担举证责任。劳动保障行政部门应在受理工伤认定申请之日起60日内做出工伤认定的决定，并书面通知申请认定工伤的员工或其直系亲属和该员工所在的企业。

4. 对因工伤而残疾的员工进行劳动能力鉴定

员工发生工伤，经治疗伤情相对稳定后存在残疾、影响劳动能力的，应当进行劳动能力鉴定。

劳动能力鉴定由企业、工伤员工或者其直系亲属向设区的市级劳动能力鉴定委员会提出申请，并提供工伤认定决定和员工工伤医疗的有关资料。设区的市级劳动能力鉴定委员会在收到劳动能力鉴定申请后，应当从其建立的医疗卫生专家库中随机抽取3名或者5名相关专家组成专家组，由专家组提出鉴定意见。设区的市级劳动能力鉴定委员会根据专家组的鉴定意见做出工伤员工劳动能力鉴定结论，必要时，可以委托具备资格的医疗机构协助进行有关的诊断。设区的市级劳动能力鉴定委员会应当自收到劳动能力鉴定申请之日起60日内做出劳动能力鉴定结论，必要时，做出劳动能力鉴定结论的期限可以延长30日。劳动能力鉴定结论应当及时送达申请鉴定的企业和个人。申请鉴定的企业或者个人对设区的市级劳动能力鉴定委员会做出的鉴定结论有异议的，可以在收到该鉴定结论之日起15日内向省、自治区、直辖市劳动能力鉴定委员会提出再次鉴定申请。省、自治区、直辖市劳动能力鉴定委员会做出的劳动能力鉴定结论为最终结论。自劳动能力鉴定结论做出之日起1年后，工伤员工或者其直系亲属、所在单位或者经办机构认为伤残情况发生变化的，可以申请劳动能力复查鉴定。

5. 员工有权享受不同项目的工伤保险待遇

因工伤事故的后果不同而有不同的工伤保险待遇项目。工伤事故或职业病可能造成员工受伤、残疾或者死亡，与此相对应，一般划分出三种具体的待遇类型：工伤医疗期间保险待遇、伤残待遇和工亡待遇。

（1）工伤医疗期间保险待遇。员工因工作遭受事故伤害或者患职业病进行治疗，享受工伤医疗待遇。员工治疗工伤时应当到签订服务协议的医疗机构就医，情况紧急时可以先到就近的医疗机构急救。治疗工伤所需费用符合工伤保险诊疗项目目录、工伤保险药品目录、工伤保险住院服务标准的，由工伤保险基金支付；工伤员工到签订服务协议的医疗机构进行康复性治疗的费用，符合工伤保险诊疗项目目录、工伤保险药品目录、工伤保险住院服务标准的，由工伤保险基金支付。

员工住院治疗工伤的，由所在企业按照本企业因公出差伙食补助标准的70%发放住院伙食补助费；经医疗机构出具证明，报经办机构同意，工伤员工到统筹地区以外就医的，所需交通、食宿费用由所在企业按照本企业员工因公出差标准报销。员工因工作遭受事故伤害或者患职业病需要暂停工作接受工伤治疗的，在停工留薪期内，原工资福利待遇不变，由所在企业按月支付，停工留薪期一般不超过12个月；伤情严重或者情况特殊，经设区的市级劳动能力鉴定委员会确认，可以适当延长，但延长时间不得超过12个月；工伤员工评定伤残等级后，停发原待遇，按照有关规定享受伤残待遇；工伤员工在停工留薪期满后仍需治疗的,继续享受工伤医疗待遇;生活不能自理的工伤员工在停工留薪期需要护理的,由所在企业负责。

(2)伤残待遇。工伤员工因日常生活或者就业需要,经劳动能力鉴定委员会确认,可以安装假肢、矫形器、假眼、假牙,配置轮椅等辅助器具,所需费用按照国家规定的标准从工伤保险基金中支出。

工伤员工已经评定伤残等级并经劳动能力鉴定委员会确认需要生活护理的,从工伤保险基金中按月支出生活护理费。生活护理费按照生活完全不能自理、生活大部分不能自理、生活部分不能自理3个不同等级支付,其标准分别为统筹地区上年度员工月平均工资的50%、40%、30%。

员工因工致残,被鉴定为一级至四级伤残的,保留劳动关系,退出工作岗位,享受以下待遇。

①从工伤保险基金中按伤残等级支出一次性伤残补助金,标准为:一级伤残为24个月的本人工资,二级伤残为22个月的本人工资,三级伤残为20个月的本人工资,四级伤残为18个月的本人工资。

②从工伤保险基金中按月支出伤残津贴,标准为:一级伤残为本人工资的90%,二级伤残为本人工资的85%,三级伤残为本人工资的80%,四级伤残为本人工资的75%。伤残津贴实际金额低于当地最低工资标准的,由工伤保险基金补足差额。

③工伤员工达到退休年龄并办理退休手续后,停发伤残津贴,享受基本养老保险待遇。基本养老保险待遇低于伤残津贴的,由工伤保险基金补足差额。员工因工致残被鉴定为一级至四级伤残的,由企业和员工个人以伤残津贴为基数,缴纳基本医疗保险费。

员工因工致残,被鉴定为五级、六级伤残的,享受以下待遇。

①从工伤保险基金中按伤残等级支出一次性伤残补助金,标准为:五级伤残为16个月的本人工资,六级伤残为14个月的本人工资。

②保留与企业的劳动关系,由企业安排适当工作。难以安排工作的,由企业按月发放伤残津贴,标准为:五级伤残为本人工资的70%,六级伤残为本人工资的60%,并由企业按照规定为其缴纳应缴纳的各项社会保险费。伤残津贴实际金额低于当地最低工资标准的,由企业补足差额。经工伤员工本人提出,该员工可以与企业解除或者终止劳动

关系，由企业支付一次性工伤医疗补助金和伤残就业补助金。

职工因工致残，被鉴定为七级至十级伤残的，享受以下待遇。

①从工伤保险基金中按伤残等级支出一次性伤残补助金，标准为：七级伤残为12个月的本人工资，八级伤残为10个月的本人工资，九级伤残为8个月的本人工资，十级伤残为6个月的本人工资。

②劳动合同期满，或者员工本人提出解除劳动合同的，由企业支付一次性工伤医疗补助金和伤残就业补助金。

（3）工亡待遇。员工因工死亡，其直系亲属可按照下列规定领取丧葬补助金、供养亲属抚恤金和一次性工亡补助金。

①丧葬补助金为6个月的统筹地区上年度员工月平均工资。

②供养亲属抚恤金按照员工本人工资的一定比例，发给由因工死亡员工生前提供主要生活来源、无劳动能力的亲属。标准为：配偶每月40%，其他亲属每人每月30%，孤寡老人或者孤儿每人每月在上述标准的基础上增加10%。核定的各供养亲属的抚恤金之和不应高于因工死亡员工生前工资。供养亲属的具体范围由国务院劳动保障行政部门规定。

③工亡一次性补助金标准为48个月至60个月的统筹地区上年度员工月平均工资。

综上所述，企业在为员工办理工伤保险时应当遵守以上规定，既可预防和减少本企业的工伤事故和职业危险，又可保护本企业工伤员工的合法权益。

关键点提示

企业在为员工办理工伤保险时应当注意以下几点：

1.工伤保险费由企业独自承担；2.应当认定为工伤的情况；3.工伤认定应遵循法定程序；4.对因工伤而残疾的员工进行劳动能力鉴定；5.员工有权享受不同项目的工伤保险待遇。

6.5 如何为员工办理生育保险

> **工作场景描述**
> 当需要为员工办理生育保险时,可查看。

解读与分析

生育保险是国家通过立法,对女性劳动者因怀孕和分娩而暂时中断劳动时,由国家和社会为其提供医疗服务、生育津贴和产假等必要的经济补偿和医疗保健的一种社会保险制度。

我国生育保险待遇主要包括两项:一是生育津贴,二是生育医疗待遇。其宗旨在于通过向职业妇女提供生育津贴、医疗服务和产假,帮助她们恢复劳动能力,重返工作岗位。

企业按照国家规定独自承担生育保险费。生育保险因地域不同,所做要求有些许差异,但一般生育保险的办理与报销有如下要点。

1. 申报材料

申报材料包括如下表格:社会保险登记表,参加基本养老、工伤和生育保险人员增减表,企业员工基本养老、工伤和生育保险申报汇总表。

2. 办理程序

(1)企业持申报材料到社会劳动保险处业务大厅申报。

(2)工作人员受理申报材料,核准后盖章返回汇总表、增减表各一份。

(3)企业于次月到当地地税部门办理缴费。

3. 报销条件

员工享受生育保险待遇,应当同时具备下列条件。

(1)企业已为员工缴纳一定时间的社保。各地政策不同,如北京市要求连续缴纳社保9个月,广州市要求累计缴纳社保1年,上海市要求生产当月在缴纳社保即可,

人力资源工作常见问题清单

等等。

（2）已办理参保备案，并在当地生育。

（3）当地人社局要求的其他条件。

关键点提示

生育保险的办理与报销包括如下要点：

1.申报材料；2.办理程序；3.报销条件。

6.6 如何为员工提供福利

工作场景描述

当希望了解向员工提供福利的范围时，可查看。

解读与分析

员工福利又称职业福利，是指企业为满足员工物质文化生活，保证员工及其亲属的生活质量而提供的工资以外的津贴、设施和服务。

员工福利是企业内部的福利，由企业根据自己的经济效益情况自主决定。企业可将员工福利的发放作为人力资源管理的一项重要工作，进行合理的组织和安排，以激发员工的工作积极性。按照享受福利的主体范围不同，员工福利划分为员工集体福利和员工个人福利，其各自的具体内容是不同的。

1. 员工集体福利是为满足员工集体或共同生活需要而提供的

企业提供的员工集体福利一般包括以下内容。

（1）开办员工食堂，解决员工及其家属的就餐困难。

（2）设立哺乳室、托儿所和子弟学校，减轻员工家庭生活负担，方便员工子女就学。

（3）修建各种卫生服务设施，包括员工医疗和疗养设施、浴室、理发室等，提供各种生活服务，方便员工生活。

（4）设立各种文化、体育和娱乐设施，包括俱乐部、电影院、图书馆或图书室、体育场馆等，并组织员工开展各种文化娱乐活动和体育健身活动，丰富员工的文化生活。

（5）设立夜大学、业余大学等，举办各类培训班、学习班，对员工进行免费的文化教育和技术培训，以提高员工的综合素质。

（6）提供班车，为员工上下班提供便利。

需要指出的是，尽管以上员工集体福利项目在一定程度上改善了企业员工的生活条件，但是不一定有利于企业经济效益的提高，因此企业需要衡量自己的实际情况，并进行一定的成本比较和分析，来确定是否提供这些福利。那些成本过高的福利项目，可以通过社会化的方式解决，即由社会上的其他组织和单位来承办，而企业只需向员工发放相应的补贴。

2. 员工个人福利由企业直接向员工个人提供

企业提供的员工个人福利一般包括以下几种。

（1）员工住宅福利。企业一般提供以下员工住宅福利。

①企业拿出一定的积累基金或福利基金进行住宅建设，以国家规定的优惠性标准价格出售给符合规定条件的员工，再将出售住宅所回收的资金投入到住宅建设中。

②不进行住宅建设的企业，一般向员工发放住房补贴，由员工自己去购买商品房。

③在员工住宅商品化的同时，为进一步实现住宅建设社会化和合作化，推行住房公积金制度，即由企业和员工各按一定比例缴纳住房公积金。

（2）生活性补贴。企业按照国家法律或政策规定，直接支付给员工用于维持或提高生活水平的各种工资外的补贴，比如员工冬季宿舍取暖补贴、生活消费品价格补贴（包括粮油补贴、副食补贴、水电补贴、洗理费、书报费等）、独生子女补贴等。

（3）企业内部补贴。其指企业根据自身的实际情况自主决定给予员工的各项补贴，比如员工上下班交通费补贴、饮食补贴（一些企业采用提供工作餐的形式）、通信补贴等。

（4）补充保险。除企业必须为员工办理的各种法定强制性社会保险外，企业还可以自主决定是否为员工购买补充保险。补充保险是社会保险的补充，带有很强的福利性。

（5）员工生活困难补助。其是指企业为保证由于各种原因造成生活困难的员工的基本生活而给予的临时性或长期性生活费补助。

作为一项人力资源管理策略，企业可以为不同工作表现的员工提供不同的个人福利，从而调动员工的工作积极性和主动性，为企业创造更大的经济效益。

总之，员工福利不是强制性的，而是企业根据自身的实际情况自主确定的，是企业用来增强自身吸引力和凝聚力的一种有效的安排。

> **关键点提示**
>
> 企业可以向员工提供的福利主要包括：
>
> 1.企业为满足员工集体或共同生活需要而提供的集体福利；2.企业直接向员工个人提供的个人福利。

6.7 如何实施企业福利政策

> **工作场景描述**
>
> 当制订福利政策后，企业决定实施时，可查看。

解读与分析

福利政策在制订后，怎样实施才有效，才能把它变成一个"活的"政策，能够对日常的福利工作起到指导作用呢？关键要做好以下几点。

1. 福利政策与福利预算要配套

这是最关键的一点。与薪资管理一样，进行福利管理时也应做预算。福利预算的具体内容是什么呢？通常来讲，企业每年会有员工总体报酬40%~60%的福利基金，这些钱怎么用，每年都由哪些部门去用，可以做哪些事情，花多少钱，各部门有多大权限等，在预算里都要明确。预算里也包括一些新的项目和一次性的项目。

2. 董事会、经营层批准

福利政策，甚至包括福利预算都要由董事会、经营层批准，而不能只是人力资源经理通过就可以，否则就可能没有权威性。

3. 工会、职代会参与

在制订整个福利预算或福利政策的过程中，最好要有工会或职代会的代表参加，真正体现员工的参与。实际实施时，工会在其中也扮演着比较重要的角色，因为工会的一项重要职责就是做好员工的福利工作。

4. 相关部门实施

在现代企业经营体制下，企业福利工作的主管部门应该是人力资源部门，这是很重要的一点。企业福利工作的实施相对来讲比薪资管理工作要简单一些，但是也有不少实际的要求和操作要点，需要相关职能部门注意。

企业要想做好福利工作，必须牢记福利工作的目的，并在此指导下制订行之有效的福利政策。

福利是个很敏感的话题，政策一旦制订出来，第二年最好不要再更改。所以，企业对此一定要做合理的规划。

关键点提示

企业福利政策的实施要点包括：
1.福利政策与福利预算要配套；2.董事会、经营层批准；3.工会、职代会参与；4.相关部门实施。

6.8　如何制订切实可行的企业福利预算

> **工作场景描述**
> 当为了开发出最佳投入产出比的福利项目而需要制订福利预算时，可查看。

解读与分析

企业现在是自主经营，为了提高企业的经济效益，企业必须认真考虑福利对经济效益的贡献究竟有多大。因此，企业应该通过福利预算对整个福利工作进行全面的规划。

1. 福利预算的好处和作用

（1）在给定的预算内，开发最佳投入产出比的福利项目。开发福利项目时，要按自主经营的思路去考虑，企业一定要清楚新开发几个项目要花多少钱，有没有这么多钱来运行这些项目，包括补充医疗保险、员工贷款项目，有多少员工迫切希望得到这样的福利等。

（2）控制成本，杜绝超支。福利本身有福利基金，其金额是按工资总额的一定比例提取的，一般来讲在40%~60%之间。支出一定要控制在基金的范围之内，如果超出这个范围，就变成企业的额外成本了。因此，福利管理工作就是要把计划支出控制在预算范围之内，通过预算来控制成本，避免超支。

（3）合理计划福利工作的重点和时间表，以预算为龙头做年度福利工作计划。通常福利预算与企业的预算周期是一致的，福利预算应纳入企业的整个预算工作中。预算工作具有计划性和超前性，年度所要开展的福利工作，包括日常的费用支出和新项目的开发，都要有一个初步的计划，企业必须考虑每个季度的工作重点及所需的金额，据此设计出年度工作时间表。所以，预算的过程实际上也就是制订一个企业年度福利工作计划的过程。

2. 制订切实可行的企业福利预算

具体怎样来做福利预算呢？在此介绍一种基本方法。

福利基金是以工资总额为基础，按政府规定的一定比例提取的，此外还有一个来源，即税后利润福利基金。如果企业有15%的利润，那么可以拿出5%的利润，将其作为福利基金。

以上这两个方面是福利基金最主要的来源。具体的福利预算包括以下几个方面的内容。

（1）福利基金的来源。

（2）福利基金的费用支出项目：每一个项目有哪些具体支出？

（3）上年度积余：此项目上年度还剩下多少钱？

（4）本年度预算。

（5）年底积余：到年底除去今年的预算之后还剩下多少钱？

（6）说明和备注，比如费用的具体内容和享受对象是什么。

下表就是企业福利预算表。

企业福利预算表

福利基金来源	费用支出项目	上年积余	本年预算	年底积余	说明和备注
55%福利提成					
20%养老基金	养老保险金、补充养老项目				
14%集体福利费	员工活动费、交通费、集体福利项目				
7.5%医疗基金	大病统筹、医疗报销、体检				
10%住房公积金					
1.5%教育基金	员工教育自助计划				
2%工会费	工会活动项目明细				
税后利润福利基金					

企业福利预算的重点如下。

（1）项目支出。需要明确的是，预计支出跟实际支出是两码事。例如养老基金，一般企业提成比例是工资总额的20%，假如员工的月工资总额是100万元，企业就应提取20万元作为养老基金。如果有些地区规定，企业只缴纳工资总额的19%，那么企业就会有工资总额的1%的剩余。如果没有补充养老保险，剩余的养老资金就会积累得越来越多。只要经济效益不错，工资水平较高，企业就会积累一笔很大的资金。

实际上，在缴纳养老保险时，经济效益好的企业是以本地区上年度员工平均工资的3倍封顶的。而且在缴纳时，如果员工平均工资低于上年度本地区员工平均工资3倍，就按实际工资缴纳。这样一来，企业真正积余下来的钱就会很多。很多项目都是这样，尤其是在社会统筹保险的栏目里，都有类似的情况，所以基金积余会是一个很可观的数字。

（2）积余的处理。企业做本年度预算时要考虑到两件事：一件是常规性缴费，例如每个月社会保险费的缴纳；另外一件是将积余下来的钱用于开发其他项目，例如做一个补充养老保险项目，其大概的框架、水平和标准可以写在预算中。

（3）可以开展的活动。在费用支出上有一些活动非常必要，例如以下几种。

①常规体检。可以用医疗基金安排员工做常规体检。这对员工来讲是很有意义的，员工需要，对企业经营而言也是必要的。

②教育资助计划。员工的教育资助计划通常是应该考虑的，例如企业可以资助员工自学考试、职业资格证书考试，可以制订一些政策来鼓励他们提高自身的知识水平。企业也可以根据业务的需要，制订一些与业务相关的员工自我发展教育计划。

（4）集体福利项目。如春节联欢会、春游、员工运动会等，这些都要列在集体福利项目下。

（5）专项福利预算。除了总体福利预算之外，还有一些专项的福利预算。企业在做专项预算时，首先要明确集体福利费大概有多少积余可以用在专项项目上。

通过福利预算，企业可以规划好整个福利工作的先期工作，因此，为把钱花到最值得的地方，企业需要重视福利预算工作，并将这一工作做好。

> **关键点提示**
>
> 企业福利预算的重点是:
>
> 1.项目支出;2.积余处理;3.可以开展的活动;4.集体福利项目;5.专项福利预算。

6.9 如何实施企业自主的员工福利项目

> **工作场景描述**
> 当需要针对不同条件选择适合自身经营状况的福利项目时,可查看。

解读与分析

自主的员工福利项目立项后,企业如何进行设计并实施呢?

1. 指导思想

(1)要能反映员工的需要。

(2)已经有很多企业在做,而且效果不错。

(3)项目资金的投入与企业的效益水平相匹配,企业能够承受。

2. 主要内容

这里以人身意外伤害保险为例进行解释。

现在市场上比较成熟的具体做法,就是为员工上人身意外伤害保险,其主要内容包括以下两个方面。

(1)享受保险的资格。

(2)伤害的定义与鉴定遵循保险公司的规定。

3. 落实办法

人身意外伤害保险的落实办法如下。

选择合适的保险公司，商谈确定保险费，布告员工。企业要和员工交流和沟通，让员工知道可以享受的福利内容。其中有一个小技巧就是咨询同行业其他企业所选择的保险公司和确定的保险费用。

人力资源管理部门可以通过分析本企业目前的员工福利管理状况、员工满意度，确定哪些项目可以做，哪些项目可以不做，从而确定现有项目之外的新项目。

关键点提示

企业自主的员工福利项目确定后，应该：
1.明确指导思想；2.确定项目内容；3.制订落实办法。

6.10 如何提高企业福利工作的效率

工作场景描述

当希望提高福利工作的效率时，可查看。

解读与分析

在员工福利管理工作中，人力资源部门经常遇到的问题就是行政事务很多，非常烦琐，因此，就需要运用一些有效的方法来提高企业福利工作的效率。

1. 抓好福利的预算与年度工作规划

首先，要抓好福利预算与年度工作规划。前面已经详细地讲解了预算的具体做法，预算是整个福利工作的龙头，企业要结合预算和年度工作规划，抓住当年工作的重点。企业要看福利工作规划中，哪些项目是员工最想立项的，实施得是否到位。

企业可能年初需要投入几个星期的时间去做规划和预算，虽然时间很长，但是对于整年工作的有序进行是很有效果的。

务必记住一点，所有的福利项目都要见到一定效果，如果没有效果或者效果不显著，福利项目管理工作就需要进行改善。

2. 尽可能将福利工作制度化、规范化

（1）制订福利管理政策——一个纲领性文件。

（2）制订年度福利预算计划和专项福利预算计划，与政策配套、配合。

（3）有一个全职或兼职的福利经理管理福利项目。

（4）所有福利项目的实施都有据可依，有规范可循。

（5）福利工作实现办公自动化。福利工作的办公自动化是现代化工作的一种具体体现。

3. 将大量的常规性福利工作外包

企业大量的常规性福利工作，可以外包给顾问公司或一些专业服务公司。如企业员工的保险，无论是人寿保险还是人身意外伤害保险、医疗保险，都可以委托专门的保险公司来做。保险费的缴纳、计算等工作，如果由企业专人负责，可能会花很多时间，但交由专业公司来做就可大大节省时间。现在每个城市、每个地区都有专门的人事服务公司，只要找到它们，审核一下其专业资格，就可以委托它们来做。

对于集体宿舍、员工住房，企业可以委托专门的物业公司来管理。企业只要按照一定的政策和标准，和物业公司签订一个合同，就可将日常的工作交由物业公司来做，企业自己管理好合同即可。

4. 减少福利行政人员，设置福利经理

这一点很关键。通常企业中从事福利行政工作的人员不一定很多，但是从事福利管理的人员必不可少，至少要有一个人专管福利工作。如果企业规模不是很大，那么可以聘用一个兼职的福利经理。所谓兼职，是指该福利经理既管福利工作，也管薪资，可能还要承担绩效考核工作。不管怎样，企业应至少有一个经理级别的人专管福利工作。经理和一般行政人员的区别在于经理能够发现问题，用专业技能和管理思路去解决、处理问题，并且实时跟踪，以增强福利工作的效果。

企业应规范福利工作，在实行一项福利政策之前做好预算，让福利经理管理福利项目，并实现福利工作办公自动化，这样不仅效率高，员工也会更加满意。这正是现代企业福利工作要达到的境界。

> **关键点提示**
>
> 企业提高福利工作效率的措施包括：
> 1.抓好福利预算与年度工作规划；2.尽可能将福利工作制度化、规范化；3.将大量的常规性福利工作外包；4.减少福利行政人员，设置福利经理。

6.11 如何充分发挥福利顾问机构的作用

> **工作场景描述**
>
> 当需要主动灵活地开发市场资源，做好员工福利工作时，可查看。

解读与分析

专业的福利顾问机构是企业要经常与之合作的单位，那么如何主动灵活、积极充分地开发这一市场资源，使之为本企业的员工福利工作服务呢？

福利顾问机构可以使员工福利工作更加专业化。无论哪一种类型的福利顾问机构，都有专业人员利用专业流程处理大量的福利工作。专业的福利顾问机构中，所有的专家都能够提供专业的服务方案和方法技巧。

1. 了解市场行情和福利顾问机构的信息

从事人力资源管理工作的人员，不管是从事招聘、培训还是考核等方面的管理工作，通常都要花一定的精力去注意市场方面的变化，特别是市场行情和福利顾问机构的信息。

那么，需要通过什么样的渠道来了解呢？

（1）通过同行之间的交流。

（2）通过行业协会。

（3）通过参加福利顾问机构的服务推介会。

2. 选择相应的福利顾问机构，建立长期业务合作伙伴关系

要结合本企业的福利工作重点，选择若干家福利顾问机构，与之建立一种长期的业务合作伙伴关系。建立长期的业务合作伙伴关系时，不一定要签订长期合同。企业一般至少要跟两三家福利顾问机构保持联系，然后建立一种比较长期的业务合作伙伴关系。

3. 运用福利顾问机构提供的市场信息、专业解决方案

与福利顾问机构建立战略合作伙伴关系以后，企业在福利管理工作中就可以充分发挥它们的巨大作用了。企业可以让它们提供一些专业解决方案，也可以向它们咨询一些有关的技术问题，它们也会把市场上最先进的方法介绍给企业。

4. 对服务内容、服务水平和费用加以动态管理

怎样保证福利顾问机构的服务水平？也就是如何对它们进行管理呢？为此企业要做一项工作——服务满意度调查。一方面，要结合市场行情对福利顾问机构进行评价；另一方面，要从内部员工的角度作出评价，例如医疗保险涉及很多员工的医疗费用，有没有如实报销入账，这些通过调查就可以知道。通过对市场和福利顾问机构服务满意度进行调查，企业可以找出存在的问题，督促福利顾问机构改进或提高工作质量。

福利顾问机构是企业可以利用的社会资源，人力资源部门一定要有效地加以利用，充分发挥它们的作用，使企业福利工作更专业，也更有效。

关键点提示

企业开发运用福利顾问机构时应做到：

1.了解市场行情和福利顾问机构的信息；2.选择相应的福利顾问机构，建立长期业务合作伙伴关系；3.运用福利顾问机构提供的市场信息、专业解决方案；4.对服务内容、服务水平和费用加以动态管理。

6.12 如何制订特殊福利政策

> **工作场景描述**
> 当需要制订面向高层管理人员以及业务骨干等特殊群体的福利政策时，可查看。

解读与分析

所谓特殊福利，就是只有少数员工享受的一些福利项目，而且可能是专门为这部分员工设计的福利项目。这些特殊的员工群体在企业中可能人数不是很多，但是能起到很关键的作用，所以企业应该为他们制订一些特殊的福利政策。

1. 指导思想和设计要点

因为特殊福利项目实施的成本很高，管理也很严格，所以对享受特殊福利的对象的资格，包括级别和工作业绩等，要进行严格的审查，最根本的一点就是根据员工的职位级别并结合其业绩来确立特殊福利项目。

2. 特殊福利项目

（1）业务骨干或高层经理。特殊福利项目如住房、交通工具、俱乐部项目。

（2）销售人员。有时候如销售代表、销售经理，企业也应给予其俱乐部方面的福利待遇。因为在俱乐部中跟客户谈生意，能够加强沟通。

3. 实施中的注意事项

特殊福利项目通常由企业总部直接集中管理，由专人负责。具体操作时，一是要注意密切沟通，尽可能让员工满意，二是没有必要让所有的员工都知道，没有必要把它作为一个福利政策来宣传。

另外，还要注意的是，特殊福利项目管理不仅仅是人力资源部的事情，还要让福利享受人的直接领导也介入进来，这是做好这项工作的非常有效的办法。

企业在上述特殊福利项目之外，也可以根据实际情况或需要，另外设计一些项目。

无论怎样，根本目的都是更好地激励员工。

> **关键点提示**
>
> 制订特殊福利政策时，企业应：
>
> 1.明确指导思想和设计要点；2.拟定特殊福利项目；3.注意实施中的注意事项。

第7章

工资制度与工资形式设计工作常见问题

现代企业的工资制度与形式因企业类型不同、员工岗位不同，而呈现出多种多样的形式。在不同的表象下，每个企业有着各自的工资制度管理体系。那么，在不同的工资制度管理体系中，如何解决一些棘手又常见的问题，这是一个非常重要的问题。

7.1 如何以绩效为导向设计工资制度

> **工作场景描述**
> 当试图建立以绩效为导向的工资制度时,可查看。

解读与分析

以绩效为导向的工资制度,强调员工的工资调整取决于员工个人、部门及企业的绩效,以成果和贡献为评价标准。

1. 绩效与工资评定结合的步骤

(1)制订目标。根据企业发展战略和经营计划,制订绩效目标。

(2)辅导。在实现绩效目标过程中,管理者要承担起指导、教育、培训下属的责任。

(3)评价。以绩效目标为基准,通过全面收集数据和了解情况,对员工的绩效做出准确、客观的评价。通过对企业进行研究发现:如果工资与个人的绩效挂钩,低绩效者的离职率就高;如果个人的绩效不与工资挂钩,高绩效者的离职率就高。

(4)奖惩。根据评价结果给予员工合理回报,激励员工创造更大价值和更高绩效。

假定有两个员工,年终评价都为A,员工甲的工资定在M_1级,高于员工乙的工资等级M_2级。在进行绩效加薪时,员工乙的加薪幅度就应大于员工甲的加薪幅度,因为甲的工资高于乙,原本就应该取得比乙高的绩效,但是二人绩效评价相同,说明乙付出的努力更大,理应给予乙更多的薪资,以削弱二者可能产生的不公平感。

绩效调薪的目的就是充分激励员工创造更大业绩,如果给予进步快的员工较多激励,就会使得员工以更快的速度发展,同时鞭策其他员工不断进步,否则工资差距会逐步加大。

2. 以绩效为导向的工资制度的优、缺点

(1)优点。

①以事实为出发点,评价尺度比较客观。

②强化绩效管理,使员工注重个人贡献。

(2)缺点。

①员工可能更多地关注眼前利益。

②员工更关注个人绩效,忽略团队以及与其他部门的配合。

③员工之间的竞争会加剧,产生不必要的矛盾。

绩效考核能够促使员工积极性大幅度提高,同时实现企业战略目标,是一种常用的工资制度。

关键点提示

以绩效为导向的工资制度的设计流程是:
1.制订目标;2.辅导;3.评价;4.奖惩。

7.2 如何以能力为导向设计工资制度

工作场景描述

当试图以能力为导向设计符合实际需要的工资制度时,可查看。

解读与分析

由于市场竞争不断加剧,企业要不断调整竞争战略,员工的综合素质也要跟随市场竞争变化而快速提高。企业设立以能力为导向的工资制度,是为了达到以下目的。

(1)适应企业发展的需要。

(2)强化员工的贡献能力和自我学习能力。

(3)为增强管理的灵活性和市场适应能力打下坚实的基础。

(4)为企业发展选拔优秀人才。

1. 能力导向工资制度的设计步骤

（1）职位等级评定。这是员工工资调整的基础，必须予以明确。

（2）能力指标评定。根据企业对员工的要求，将能力划分为若干部分，同时根据员工每部分的综合表现，将其能力评为不及格、及格、中等、良好、优秀。

（3）员工培训。

①使被评价人能够正确理解任职能力标准的内容和要求。

②使被评价人了解能力评价的方法。

（4）自检与证据整理。

①对照职业化标准，被评价人进行自我评价，填写自检表并整理有关资料。

②自检表要根据不同类别的标准内容分别设计编制。

③知识考试。

（5）评价。

①由任职能力管理人员组成评价小组，实施对被评价人的评价。

②根据任职能力标准的要求及被评价人所提供的资料，对被评价人的能力进行评价。

（6）结果反馈。

①人力资源部门对能力评价结果进行归档，供晋升、薪酬发放等人力资源管理工作参考。

②根据能力考评的结果，予以奖惩。例如某岗位职位等级分为10级，能力测评结果分为不及格、及格、中等、良好、优秀，那么某员工工资原本处在第4级的S1段，如果个人年终评定结果为优，则可以通过以下三种手段对其工资进行调节。

一是将其工资增加一定比例，但是没有达到上一级的工资下限。这种调整的标准很难界定，因为增长多少工资没有具体的依据，比较随意。

二是将其工资调整到第4级的S2段。这是企业经常采用的方法。

三是将其工资调整到第5级。由于工资具有刚性，这种调整造成的影响比较大，如果之后员工表现不好马上下调工资，会使得员工心理震荡过于剧烈，没有稳定感。

2. 能力导向工资制度的优缺点

（1）优点。

①促使员工提升个人能力。

②增强企业内部的学习气氛。

③企业管理更加灵活。

（2）缺点。

①能力测评难度较大，实施困难。

②员工可能只注重眼前利益，而忽视长远利益。

③员工缺乏工作目标带来的压力，工作效率相应会下降。

综上所述，能否有效实施以能力为导向的工资制度，关键在于企业能否制订一个员工能力的客观评价标准。如果标准客观，那么能力评价将会发挥更大的促进作用。

关键点提示

以能力为导向的工资制度的设计流程是：

1.职位等级评定；2.能力指标评定；3.员工培训；4.自检及证据整理；5.评价；6.结果反馈。

7.3 如何确定员工的工资标准

工作场景描述

当需要制订科学、合理的工资标准时，可查看。

解读与分析

员工工资标准体系，体现了一个企业的经营战略与经营思想。如果工资标准设计合理，会极大地激发员工的士气，促进员工个人目标和组织目标的统一。那么如何制订员工的工资标准呢？

为了体现公平，应对不同的工种实行不同的工资激励方式，这样的制度才能真正有效地调动员工的积极性。

1. 以企业的体制和经济效益为基础

（1）不同的企业体制有不同的战略定位，具体反映在以下几个方面。

①员工在业务经营中的作用和地位。

②员工队伍的配置要求和配置制度。

③员工队伍的来源。

④企业在人力资源上的成本投入。

（2）业务要求和员工任用办法直接决定了员工工资标准。不同技能水平的人，生产效率不一样，工资标准也不一样。以洗衣粉行业为例，如果洗衣粉包装是手工包装，小学或初中文化程度的人就能够做这份工作，但是自动化包装就要求至少技校毕业的人才可以做。生产效率不一样，工资标准当然不一样。

（3）经济效益和员工数量、结构是决定员工工资标准的重要条件。技术必然跟体制紧密联系在一起。一般企业经营有两个互为矛盾的指导思想，一个是安排尽可能多的人就业，一个是尽可能创造好的效益，这就要求不同的技术水平创造不同的生产效率。在计划经济体制下，偏重前者，但是在现代市场竞争的体制下，偏重后者，所以不同的体制会使工资标准不一样。

2. 以企业工资水平的市场竞争力为导向

（1）现代企业的员工工资标准由市场工资水平直接决定。如果企业在员工任用方面没有决定权，工资没有吸引力，员工的积极性没有被激发出来，企业的业务发展就没有保障，效益也就无法得到保障。这一切的关键在于制订具有市场竞争力的工资标准，这样才能吸引并留住优秀员工。

（2）两个重要的技术环节。在参照市场水平制订员工工资标准时，竞争市场的界定和比照职位的认定是两个重要的技术环节。

①竞争市场以人才流动的市场为对象。

②比照职位以同等资历、同等职责范围为条件。

对于职位工资标准的制订，一般的做法是先进行市场调查，再决定企业的工资标准，这是最直接的一种做法。另外一种做法并不是那么规范，就是通过市场调查的数据来制订。有时企业要设置新职位，需要请有专业基础、有能力的人来从事该职位，这就必须要给这些人提供一个有吸引力的工资水平，而他们目前的工资水平基本上就是市场水平，只有提供等于或者高于这个水平的工资才可能吸引到人才。

有些企业经济效益不好，人才流失，从人力资源管理的角度来讲，就是它的薪资失去吸引力，是没有建立一个以市场为导向的薪资体系的后果。

3. 通过明确的企业人力资源战略和工资水平的市场定位加以确立和维护

（1）企业人力资源战略和工资水平的市场定位。一般在薪资调查后所做的薪资报告中，有一个地区同行业工资水平调查表，主要标出工资水平位于前10%、25%、50%、75%、90%等的情况，这样企业薪资水平在薪资市场上就容易定位了。大部分企业都会把自己的薪资水平定在50%的位置，也就是中间位置，小部分企业会定在前25%的位置，还有极个别企业定在前10%的位置。对大多数企业来讲，定位在中间位置是一个比较安全的做法，过高则增加成本，风险很大；过低又会没有吸引力，无法起到激励员工的作用，无法吸引优秀人才。

小部分企业会定在前5%或者10%的位置，这些是本行业的领头企业，有很好的经营模式，能够聘请到最优秀的人才，而且有相应的管理体制，让最优秀的人才创造最大的经济效益。成本永远是跟效益挂在一起的，前25%意味着很高的人工投入，一定要有高产出率的大力支持。

在人力资源的具体管理中，工资标准定位在哪个点上，企业的人力资源战略通常会有一个相对稳定的决策，即采用什么样的战略来维持和保障员工的来源及整个员工队伍的稳定性。

（2）制订人力资源的薪酬战略。薪资水平如何？竞争对手是谁？相应的工资标准如何定位？这些都是企业制订薪酬战略时必须要思考的。

（3）制订具体职位的工资标准。明确以上两个问题后，企业就可以通过对目标市场的目标职位的薪资调查来制订具体职位的工资标准了。

（4）定期进行薪资调查。市场经济下的企业竞争是不断发展变化的，因此薪资调查要定期进行，以保证企业工资的持续竞争力。

企业的工资水平和每个职位的具体工资标准的制订是很重要的工作，管理者应该加大工作力度，真正解决好这个问题，为实现员工和企业的共同发展打下坚实的基础。

关键点提示

企业制订科学、合理的工资标准时应该做到以下几点：

1.以企业的体制和经济效益为基础；2.以企业工资水平的市场竞争力为导向；

3.通过明确的企业人力资源战略和工资水平的市场定位加以确立和维护。

7.4 如何设计岗位工资

工作场景描述

当希望设计公平、合理的岗位工资制度时，可查看。

解读与分析

岗位工资是指根据员工所在岗位或所任职位的工作强度、管理职责的大小和工作条件，兼顾工作技能高低而确定的工资。

随着生产社会化程度的不断提高，劳动分工相应地趋于复杂化。劳动岗位成为生产过程的基本单元，不同岗位的员工付出的劳动差别很大，岗位工资系统因此在薪酬设计中占有很重要的位置。

确定岗位工资的前提是进行岗位分析，运用岗位评价法对岗位劳动复杂程度、岗位劳动强度、岗位劳动责任和岗位劳动环境等各个方面进行测评，根据岗位分析的结果进行层级关系和薪酬系数的设计。

1. 设计岗位工资的一般做法

（1）岗位分析。

（2）将各岗位按照岗位系数从低到高排列，对系数相近者进行归并，从低到高可分为一类岗、二类岗、三类岗等。

（3）根据岗位状况来确定级别最高岗位。

（4）岗位系数是实现工资差别的依据，最低系数和最高系数的差距就是工资倍数的依据。

（5）岗位工资就是该岗位的层级系数与岗位工资基数的乘积。

岗位工资的主要特点是对岗不对人，主要有岗位效益、岗位等级、岗位薪点等三种工资制。

2. 岗位等级工资制形式

岗位等级工资制是指将岗位按照重要程度划类归级、进行排序，以确定工资等级的制度。

岗位等级工资制有两种形式：一岗一薪制和一岗多薪制。

（1）一岗一薪制。一岗一薪制是指一个岗位只有一个工资标准，凡在同一岗位上工作的员工都执行同一工资标准，它反映的只是不同岗位之间的工资差别，不反映岗位内部的劳动差别和工资差别。一岗一薪制，岗内不升级，新员工上岗采取"试用期"或"熟练期"办法，期满经考核合格即可执行岗位工资标准。一岗一薪制适用于专业化、自动化程度较高的工种。

（2）一岗多薪制。一岗多薪制是指在一个岗位内设置多个工资标准，以反映岗位内部不同职工之间的劳动差别。实行一岗多薪制主要是因为企业内部岗位较多，难于实现一个岗位设置一个工资标准。

一岗多薪制的主要形式有以下几种。

①同一级别内划分档次，适用于岗位划分较粗、岗位内部技术有差别的岗位和工种。

②拉长熟练期，如第一年试用期拿50%的岗位工资，第二年熟练期拿70%的岗位工资，第三年拿80%的岗位工资，第四年拿90%的岗位工资，第五年考核合格后拿100%的岗位工资，这样可解决因员工工作年限不同、工作经验不一样而形成的在同一个岗位上工作、劳动有差别的问题，使工资报酬与劳动付出更加吻合。

通常来讲，岗位工资是相对稳定的，这种稳定会维持2~3年的时间。维持岗位工资的稳定有助于企业薪酬总额的控制和日常薪酬管理，岗位工资相对稳定可避免因基础数据变化而带来的复杂计算工作。

关键点提示

企业设计岗位工资制时应做到：

1.岗位分析；2.将各岗位按照岗位系数从低到高排列，划分岗位等级；3.根据岗位状况确定级别最高岗位；4.岗位系数是实现工资差别的依据，最低系数和最高系数的差距就是工资倍数的依据；5.岗位工资就是该岗位的层级系数与岗位工资基数的乘积。

7.5 如何设计计件工资

工作场景描述

当需要针对操作层员工制订工资标准时，可查看。

解读与分析

绩效管理是人力资源管理活动中一个非常重要和基础的内容，前面讲的是如何在工资设计中体现绩效思想，本节和以后几节中所讲的都是实践中的工资制度。

计件工资，又称计量工资，是针对企业操作类员工制订的。由于操作类员工的工作成果可以直接体现出来，又易于计件，所以通常根据员工工作量来确定其工资。

1. 实行计件工资的条件

（1）工作物等级，即根据工作要求的技术复杂程度，确定从事该项工作的员工应该达到的等级。

（2）劳动定额。在一定生产条件下，员工单位时间应该完成的合格产品的数量或完成既定数量产品所需要的劳动时间。

（3）计件单价。以工作物等级和劳动定额为基础计算出来的单位产品的工资。

计件工资是将员工生产的产品量与收入直接挂钩的工资形式。计件工资简单易行，容易操作，且激励效果明显，有利于提高产量。

2. 计件工资的工资结构

月工资=岗位工资×工时完成率×品质系数+技能工资+岗位津贴

（1）岗位工资，是指以岗位劳动责任、劳动强度、劳动条件等评价要素确定的系数为支付工资报酬的根据，工资多少以岗位为依据，岗位成为发放工资的唯一或主要标准的一种工资支付制度。

（2）技能工资。员工按照岗位等级考核所获得的技能等级收入，是对员工在岗位上所表现出来的特殊技能的认可。

（3）岗位津贴。给予特殊岗位和基层管理岗位的津贴，体现出了对特殊工种或者特殊工作环境的经济补偿。

（4）工时完成率，是指员工实际完成的工作量和规定工作量的比值，用于考核员工的劳动生产效率，并作为员工取得标准岗位工资的依据。

（5）品质系数。品质系数以一定的产品质量或操作标准为衡量尺度，其基准值为1。

采用计件制时需要有一个前提，就是对每件产品的劳动生产率进行事先测算。测算的精确程度对劳动生产率的确定非常重要，测算不精确对员工和企业都是很不公平的，所以一定要掌握产品的标准生产时间。

3. 计件工资制的优缺点

（1）优点。

①鼓励员工大幅度提高并发挥自己的潜能。

②有助于生产技术的进步。员工为了生产更多、更好的产品，在经济利益的驱动下会进行生产技术的不断改良。

③便于进行目标管理，减少管理成本。

（2）缺点。

①易导致或加深企业领导者与员工之间的摩擦。

②员工为获得较多收入过度工作，有可能损害身心健康。

③员工对企业的向心力可能较差。

计件工资虽然是刺激性很强的工资制度，但它毕竟只是工资形式演变过程中的初级形式，随着科学技术水平和管理水平的迅速提高，应用会越来越少。

关键点提示

计件工资的工资结构包括：
1.岗位工资；2.技能工资；3.岗位津贴；4.工时完成率；5.品质系数。

7.6 如何设计计时工资

工作场景描述

当需要制订员工单位时间的工资标准时，可查看。

解读与分析

计时工资是指根据工作持续时间的长短来确定员工薪酬的薪酬制度，时间单位可以是年、月、周、日以及小时。

计时工资相对计件工资来说，是更为普遍的一种工资制度，它不仅可以针对一线员工，也可针对大多数的管理人员。

1. 计时工资的结构

$$员工薪酬 = 薪酬率 \times 工作时间$$

（1）薪酬率，即在单位时间内给予员工的报酬。薪酬率的高低取决于多种因素，关键是企业、员工的实际情况以及管理者的管理理念等。例如，有些企业为了培养员工忠诚度，确保将更多经验丰富的员工留在企业，因此将员工在企业的服务年限作为薪酬率高低的重要决定因素。

薪酬率的计算公式为：员工的平均薪酬水平/行业同层次员工的平均薪酬水平。薪酬率大于1，意味着员工的平均薪酬水平超过了行业同层次员工的平均薪酬水平；薪酬率小于1，说明前者低于后者；等于1，说明两者相等。

（2）工作时间，是指员工的工作时长。我国劳动法规定，员工的每日工作时间不超过8小时，平均每周工作时间不超过44小时。

2. 计时工资的分类

在实际操作中，计时工资又有两种具体的形式。

（1）单一计时工资。无论时间长短，均使用同一个薪酬率来计算员工的报酬。

（2）差别计时工资。因工作时间的长短导致薪酬率发生变化，一般当员工工作时间超出某一标准时间时选用较高的薪酬率，在这一标准时间内选用较低的薪酬率。

3. 计时工资的优缺点

（1）优点。

①具有广泛的适应性。每一企业及企业中的每一员工，都可以采用这种工资方式。

②薪酬计算的成本较低。计时工资的计算简单、便捷，容易被大家所理解和接受，可以在一定程度上避免纷争。

③可以在员工的薪酬中综合考虑多种因素。如员工的工作年限、已往成绩、发展潜力等，这些在计件工资中就很难得以体现。

（2）缺点。

①不利于充分发挥员工的潜力。

②不利于进行目标控制。

③不利于员工主观能动性和工作积极性的充分发挥。

相对于计件工资对劳动量的要求，计时工资不容易反映出员工的工作量。考虑到计时工资的缺点，企业在采取计时工资时，需以其他薪酬计量方式作补充。

> **关键点提示**
>
> 计时工资的工资结构包括：
>
> 1.薪酬率；2.工作时间。

7.7 如何设计佣金制工资

> **工作场景描述**
> 当希望按照销售额的一定比例确定销售人员的报酬时，可查看。

解读与分析

佣金制也叫提成制，一般适用于销售人员的收入计算。在这种制度下，销售人员的薪酬由从销售收入中提取的一定比例的收益组成，它是根据业绩确定报酬的一种典型工资形式。

1. 决定销售人员薪酬的两个变量

（1）销售人员在一定时期内的销售量。这个销售量有时是销售产出量，有时是销售收入量，有时是实现利润量。

（2）销售人员可得的提成比例。确定提成比例时需要考虑的因素很多，主要有以下几个。

①一定的销售收入中的利润额。

②企业收入主要靠销售人员的力量还是广告宣传等方面的因素。

③销售人员负责的区域。

④市场环境。

⑤同行业情况。

2. 佣金制的形式

（1）单纯佣金制。这是一种风险非常大而且挑战性极强的工资制度。单纯佣金制对销售人员的直接刺激是销售额，因此销售人员努力的方向就是追求高销售额和销售价格。但是如果因企业生产、质量、供应等各方面的原因而导致销售业绩很差，销售人员的薪酬就没有保障，这对销售人员是很不公平的。

单纯佣金制的计算过程如下。

如果员工某个月销售100件产品，产品单价是100元，佣金比例是5%，那么这个员工的收入就是：$100 \times 100 \times 5\% = 500$（元）。

（2）混合佣金制。采用这种制度时，销售人员的薪酬由以下两部分组成。

①基本薪酬。其与销售人员的销售业绩完全没有关系，但是和职位有很大关系。

②佣金。其与销售人员的工作业绩有关。

混合佣金制的计算过程如下。

如果某员工底薪是500元，某个月销售100件产品，产品单价是100元，佣金比例是5%，那么这个员工的收入就是：$100 \times 100 \times 5\% + 500 = 1000$（元）。

（3）超额佣金制。超额佣金制要求员工必须完成一定基础数量的销售额，在这个基础数量之上，根据超额部分的佣金比例来计算薪酬的一种制度。

超额佣金制的计算过程如下。

如果某员工底薪是500元，最低销售量为50件，某个月销售100件产品，产品单价是100元，佣金是5%，那么这个员工的收入就是：$(100-50) \times 100 \times 5\% + 500 = 750$（元）。

3. 佣金制的优缺点

（1）优点。

①可充分调动销售人员的主观能动性和工作积极性。

②计算简便，易于理解。

③管理和监督成本较低。

④销售人员努力以尽可能少的投入获得更多的收入，促使其采取措施降低销售成本。

（2）缺点。

①销售人员忽视对市场的培育，只顾眼前利益。

②员工为获得较多收入，可能采取一些不正当的销售手段。

③有时销售人员收入过高，容易导致企业内部产生矛盾。

佣金制是一种常用的工资制度，它的刺激性较强，企业在使用时应避免其负面影响。

佣金制还可以进一步发展为以下两种形式。

①全程负责佣金制：销售人员负责获得订单、发货、回款等销售全过程，员工佣金是以实际到账的货款为标准计算的。

②半程负责佣金制：销售人员负责销售全过程的部分工作，一般是销售过程前面一些环节的工作，如订单的取得等。员工佣金计算以销售收入为标准。

关键点提示

佣金制的主要形式包括：

1.单纯佣金制；2.混合佣金制；3.超额佣金制。

7.8　如何设计年薪制工资

工作场景描述

当面对如何给予经营者薪酬的问题时，可查看。

解读与分析

年薪制工资是以企业会计年度为时间单位确定经营者的基本报酬，同时根据经营成果再确定其风险收入的一种薪酬制度。因主要用于企业经理等高级管理人员收入的发放，通常称为经营者年薪制工资。

年薪制工资是社会主义市场经济发展到一定阶段的产物，从严格意义上来说，是建立现代企业制度的必然选择和必经途径。近年来，经营者的收入分配由稳定无风险的薪酬制向效益型薪酬制方向转变，年薪制工资就是其中一种比较好的薪酬分配制度。

1. 年薪制工资的特点

（1）以企业的一个生产经营周期为单位，一般是1年。

（2）年薪制工资是一种高风险的薪酬制度，依靠的是约束和激励机制的相互制衡。

（3）年薪制工资将企业经营管理者的业绩与薪酬直接联系起来。

2. 实行年薪制工资的基本条件

（1）建立现代企业制度。现代企业制度的特点是企业所有权和经营权分离，以保证经营者有独立的经营决策权。

（2）合理制订经营目标。对经营目标完成情况的考评是发放年薪的基础，因此要实行年薪制工资，首先要明确企业及个人的经营目标。

（3）平衡长期利益与短期利益。经营目标可以是长期的，也可以是短期的，在年薪的分配上可以是短效的，也可以是长效的。如果在分配上只考虑短期利益，那么经营者就会只注重眼前既得利益而忽视长远发展，企业就会严重缺乏发展后劲。美国许多公司CEO的收入绝大部分来自股票收益，就是为了避免这种情况的发生。

（4）客观评价经营业绩。首先，要有一套全面反映企业经营状况的指标体系；其次，要做好信息收集工作，保证收集的数据客观真实；再次，必要时要有社会评估机构的介入，以保证经营者的收入与其业绩公正、客观、有效地联系在一起。

（5）完善的企业家人才市场。没有完善的企业家人才市场，企业难以获得合适的企业家人才，再好的企业制度和评估体系都发挥不了作用。

3. 实行经营者年薪制工资制度的范围

（1）实行经营者年薪制工资制度的范围包括以下几种情况。

①企业法人代表。

②企业经营决策群体。

③仅限于董事长和总经理。

以上三种情况，目前应用较为广泛的是第二种，也就是说经营者的概念是整个管理团队。

（2）实行年薪制企业的范围包括以下三种情况。

①受《中华人民共和国公司法》调控的国有企业。

②国有企业和国有资产控股的股份公司。

③实行现代企业制度的企业。

以上三种分类中，第三种最具有代表性。实际上，只要是实行现代企业制度的企业，都可以实行年薪制，外资企业实行年薪制更为普遍。

4. 通用的年薪模型

国际上常用的年薪模型由四部分组成。

（1）基本工资。这是经营者的基本收入，是保证经营者本人和家人日常生活的基本生活费用。不同国家的经营者的基本工资有很大差别，美国企业经营者的基本工资占整体收入的比例为40%~80%，日本企业的比例则为70%~80%。

（2）奖金。这是经营者业绩的短期奖励，是不固定的收入。

（3）长期奖励。其通常以股票期权的形式支付，经营者的绩效与之紧密挂钩，从而产生较强的激励作用。

（4）福利津贴。其主要为休假和各种保险福利待遇，经营者的福利待遇一般都大大高于普通员工。

5. 年薪制的具体模式

（1）准公务员模式。

①报酬结构：基本薪酬+津贴+养老金计划。

②报酬数量：取决于所管理企业的性质、规模以及高层管理人员的行政级别。

③考核指标：政策目标是否实现？当年任务是否完成？

④适用对象：所有达到一定级别的高层管理人员。

⑤激励作用：经营者有比较多的职位升迁机会、较高的社会地位和稳定体面的生活。

（2）一揽子模式。

①报酬结构：单一固定数量年薪。

②报酬数量：相对较高，和年度经营目标挂钩。

③考核指标：具体明确，如亏损额、实现利润、资产利润率等。

④适用对象：具体针对经营者一个人，即总经理或者董事长。

⑤激励作用：具有招标承包式的激励作用，刺激效果明显，但是容易产生短期化行为。

（3）非持股多元化模式。

①报酬结构：基本薪酬+津贴+风险收入（效益收入和奖金）+养老金计划。

②报酬数量：相对较高。

③考核指标：综合考虑企业的资产规模、销售收入、财务指标、行业平均效益水平等各种因素。

④适用对象：对国有企业经营者百分之百进行考核，其他企业领导班子成员按照一定系数进行折算。

⑤激励作用：如果不存在风险收入封顶的限制，考核指标的选择科学准确，更具有激励作用。但是该方案缺少激励经营者长期行为的项目，有可能影响企业的长期发展。

（4）持股多元化模式。

①报酬结构：基本薪酬+津贴+含股权、股票期权等形式的风险收入+养老金计划。

②报酬数量：风险收入取决于经营业绩、企业的市场价值。

③考核指标：综合考虑企业的资产规模、销售收入、财务指标、行业平均效益水平等各种因素。

④适用对象：对国有企业经营者百分之百进行考核，其他企业领导班子成员按照一定系数进行折算。

⑤激励作用：从理论上说，该方案是一种很有效的报酬激励方案，多种形式、具有不同激励约束效果的报酬组合保证了经营者行为的规范化、长期化，但该方案的具体操作较为复杂，对企业所具备条件的要求相对苛刻。

（5）分配权模式。

①报酬结构：基本薪酬+津贴+以分配权、分配权期权形式体现的风险收入+养老金计划。

②报酬数量：风险收入取决于企业利润率之类的经营业绩。

③考核指标：综合考虑企业的资产规模、销售收入、财务指标、净资产利润率等方面的因素。

④适用对象：对国有企业经营者百分之百进行考核，其他企业领导班子成员可通过给予不同数量的分配权或期权来体现。

⑤激励作用：把股权、股票期权的激励作用引入到非上市企业或股份制公司中，扩大其适用范围，这是一种理论创新，其效果还有待检验。

采用企业经营者年薪制工资制度，对于充分调动经营者的主观能动性和工作积极性，提高企业经营管理水平，促进企业经济效益的增长具有重要作用。我国在企业中实行经营者年薪制工资制度的时间还不长，正处在探索时期，这就需要企业不断总结经验，统筹规划，使年薪制工资制度不断成熟，不断完善。

> **关键点提示**
>
> 年薪制工资的主要模式有：
> 1.准公务员模式；2.一揽子模式；3.非持股多元化模式；4.持股多元化模式；5.分配权模式。

7.9 如何使绩效奖励计划发挥应有作用

> **工作场景描述**
> 当希望绩效奖励计划充分发挥作用时，可查看。

解读与分析

绩效奖励计划是指员工的薪酬随着个人、团队或组织绩效的某些衡量指标的变化而变化的一种薪酬设计。

很多企业愿意采取绩效奖励计划，因为其认为，这种办法将绩效和薪酬联系在一起，非常有助于增强员工为实现企业战略目标而努力工作的积极性和创造性。

事实上，绩效奖励计划确实在激励员工调整自己行为方面发挥着越来越重要的作用。那么实施绩效奖励计划时应该主要着眼于哪些方面呢？

1. 绩效奖励计划只是企业整体薪酬体系的一个重要组成部分

企业必须意识到，尽管绩效奖励计划非常重要，但是必须与其他薪酬计划密切配合，才能确保绩效奖励计划作用的正常发挥。

2. 绩效奖励计划必须与组织的战略目标及其文化和价值观保持一致

成功的绩效奖励计划必须保持与以下三个方面的一致性。

（1）员工的目标及其组织特性。

（2）组织的战略规划。

（3）组织目标。

3. 要想实施绩效奖励计划，企业必须首先建立起有效的绩效管理体系

如果没有明确的、具体的、可衡量的、富有挑战性的绩效衡量指标，企业经营就会没有方向，绩效奖励就会失去它的核心作用。

4. 绩效奖励计划要求企业必须与员工进行有效沟通

既然绩效奖励计划要求员工承担一定的风险，那么企业就应该及时为员工提供做出正确决策所需要的信息，同时还要和员工不断进行信息沟通，帮助员工实现目标。

5. 绩效奖励计划要保持一定的稳定性和灵活性

绩效奖励计划必须要紧紧围绕企业经营目标，外部经营环境和员工的工作内容、工作方式来制订，而这些是经常发生变化的。所以，绩效奖励计划既要保持一定的稳定性，又不能过于僵化死板。

绩效奖励具有明确的绩效目标，可以对组织发展起到强有力的推动作用。企业在实施时只有注意以上基本要点，才能保证绩效奖励计划发挥应有的重要作用。

第 7 章　工资制度与工资形式设计工作常见问题

> **关键点提示**
>
> 绩效奖励计划的实施要点是：
>
> 1.明确绩效奖励计划只是企业整体薪酬体系的一个重要组成部分；2.绩效奖励计划必须与组织的战略目标及其文化和价值观保持一致；3.企业必须建立起有效的绩效管理体系；4.企业必须与员工进行有效沟通；5.绩效奖励计划要保持一定的稳定性和灵活性。

7.10　如何制订奖金分配政策

> **工作场景描述**
>
> 当希望充分发挥奖金的作用时，可查看。

解读与分析

奖金是为了嘉奖做出突出贡献和业绩的员工而发放的特殊费用。为了嘉奖做出突出贡献和业绩的员工，提升员工士气，企业通过发放奖金的形式使员工分享企业的效益。

1. 奖金的基础知识

（1）设立奖金的原因。

①激励特殊贡献，树立榜样，倡导绩效文化。

②和员工分享企业的发展红利，提升员工士气。

③增强企业的凝聚力，提升企业在人力资源市场上的形象和竞争力。

④就特殊项目的专项目标临时设立奖金，激励员工尽最大努力达成目标。

（2）奖金的类型。

①年终企业效益奖，相当于1或2个月的工资或数额不等的红包，与13或14个月月薪制不一样。

②特殊项目专项奖金，如软件开发人员的项目奖金。

某些企业的所谓奖金，实质是工资。这是一种很不规范的操作，很容易造成负面影响。

③特殊贡献奖，如新技术、新产品开发奖，优秀业绩奖，优秀团队奖等。

④中高层管理人员和技术业务骨干的企业效益奖励，如股权、股票期权、利润分享计划等。

年终企业效益奖虽然相当于发放第13个月或第13、14个月的工资，但是跟通常所说的13薪、14薪不一样。后者是一种工资制度，不管企业经济效益怎么样，是赢利还是亏损，都要发给员工；而年终企业效益奖不是固定的，完全看企业年利润如何，今年有，明年不一定有。第四种类型的中高层管理人员和技术业务骨干的企业效益奖励，实际上是一种额外的奖励，特点是股权或股票期权本身并不一定能够保障员工有多少收入，其完全是跟企业的经济效益联系在一起的，如果效益很好，企业的股价上去了，股权才有价值，股票期权才能够折成一定的薪资，否则是无法兑现的。

（3）奖金的作用。

奖金能够直接提倡一种以绩效为主导的企业文化，提倡某些特别的行为，例如团队合作、创新等，能够增强企业的市场竞争力。

经常有人把绩效工资或浮动工资也叫作奖金。从规范的角度来讲，如果每个月或每个季度肯定都会发，只不过金额多少会根据具体的业绩大小而有所区别，则发的是绩效工资，或者叫浮动工资，而不是奖金。

薪资管理的目的是激励员工，激励的程度越深，企业竞争力的提升幅度越大。基本工资只是一种保障，绩效工资能够让员工一直努力地工作，奖金则在此基础上再往上拔高一层。如果不断地通过各种各样的奖金把最优秀的那部分员工的潜力充分地开发出来，就能大幅度提高企业的竞争力。所以奖金的激励作用是非常大的，支出不多，但是对提升企业竞争力的影响特别大。

2.奖金政策的制订和数量的确定

（1）奖金政策的制订。

企业可以事先制订奖金政策，并且公开明确地进行宣传，让员工清楚明了，例如列出奖励项目。

①企业的重点业务和经营目标——经营指标超额完成。

②核心的业务环节——产品开发、质量攻关、新市场开拓等取得重大进展。

③员工表现出优秀的行为——团队合作、创新等。

奖励目标要明确，要形成文件并积极向员工宣传。奖金数量可以不事先明确，但可以规定一个大致的范围。一定要明确具体的操作方法，如提名、评审、认定、奖金发放办法和时间等，并使之切实可行。具体的措施明确后，能使员工感觉到行之有效的、实实在在，这样才会起到巨大的激励作用。

（2）及时、即事认定奖励。

奖金要及时、即事发放：大奖一年一评定，在年终员工大会上发放；项目奖项目一结束就应该评定发放；业绩性和行为性的奖励也要定期评定发放。

奖金，特别是项目奖和行为奖，时效性非常强，因为一种好的行为如果马上能得到回报，员工感受到的激励作用就非常大，如果事后再发放，效果就差多了。从心理学角度讲，一般的奖励，例如奖金或绩效工资，只有直接与导致奖励的事件和行为联系在一起的时候，员工感受到的激励才会最大，才会形成正反馈，员工才会持续不断地去努力；如果奖励与事件、行为联系不起来，或是一段时间后事件、行为都已经被淡忘，此时员工即使拿了奖金，也不会再去重复过去的努力和行为了。

因此管理者要充分运用这一激励手段，人力资源部门要督促协调。

（3）事后广泛宣传。

事后宣传也非常重要。发放奖金的目的就是鼓励、提倡、形成一种绩效主导的企业文化，这是面向所有员工的，可能真正拿到奖金的人数很少，但是却能产生影响、激励所有员工的效果。要达到这个效果，宣传工作是必不可少的。

奖金评定发放时，要有书面的文件、纪念品、奖状或证书，重大奖项在员工大会或部门会议上发放。这样激励作用才会持久，其他员工看了以后才会受到很大鼓舞。

（4）奖金数量的确定。

确定奖金数量的原则。

①与贡献大小挂钩。

②与员工的工资总额相联系。

③市场导向。

通常可以拿出员工贡献数额的1%到10%来奖励给员工，这是合情合理的。如果贡献数额很大，可以奖励1%；如果贡献数额不大，可以奖励10%。另外，奖金也可以是1个月到1年的工资额。这要视员工给企业当年的贡献多少而定。

（5）奖金分配和发放的注意事项。

①个人主导的项目给个人，团队主导的项目给团队，团队内的分配由团队领导提议，部门主管批准。

②应在项目完成后1个月内发放。

③应有书面信函通知员工本人或加发证书、纪念品，项目小组还可以适当庆贺。

奖金是很常见的激励性报酬，已经成为企业一种重要的激励手段。企业管理者应注意奖金支付艺术，以使奖金发挥更大的激励作用。

关键点提示

奖金发放过程涉及：

1.奖金政策的制订；2.及时、即事认定奖励；3.事后广泛宣传；4.奖金数量的确定；5.奖金分配和发放的注意事项。

7.11 如何制订利润分享计划

工作场景描述

当决定通过衡量利润等组织绩效指标向员工支付报酬时，可查看。

解读与分析

利润分享计划是群体奖励计划的一种，在传统的利润分享计划中，组织中的所有员工都按照一个事先设计好的公式，分享所创造利润的某一百分比。员工根据企业整体业绩获得年终奖或股票，或是以现金的形式得到红利。利润分享计划的特点是，员工可以按照一定的利润比例立即拿到现金奖励，而不必等到退休时再支取，但是支取时必须按照国家规定缴纳个人所得税。利润分享计划的设计和执行往往比其他浮动薪酬计划更为容易一些，因为它很少需要员工的参与。

1. 现代利润分享计划的做法

利润分享计划是指根据对某种组织绩效指标（通常是利润）的衡量结果来向员工支付报酬的一种绩效奖励模式。现代利润分享计划将利润分享与退休计划紧密地联系在一起。

（1）企业确定利润分享计划。

（2）企业将利润分享基数用于为某一养老金计划注入资金，经营状况良好时持续注入，经营状况不佳时停止注入。

（3）利润分享的范围由整个组织缩小到承担利润和损失责任的下级经营单位。

（4）利润分享计划实施前，要求实施单位能够达到所要求的最低投资收益率。

2. 利润分享计划的优缺点

（1）优点。

①利润分享计划使员工责任感和使命感增强。利润分享计划使员工直接薪酬的一部分与组织的总体财务绩效联系在一起，从而促使员工更加关注组织的总体财务绩效，多从组织目标的角度考虑问题。

②由于利润分享计划不会影响员工个人的基本薪酬，所以它可以起到"蓄洪"的作用。这是因为利润分享计划可以在企业经营陷入低迷时帮助企业控制成本，从而避免在解雇人员方面产生较大的压力，也可以在企业经营状况良好时为企业和员工之间的财富分享提供方便。

（2）缺点。

①在直接推动绩效改变以及改变员工或团队行为方面作用不大。

②员工不愿意承担这种计划可能带来的收入风险。

利润分享计划作为薪酬体系的一个组成部分，很有用处，但是它还需要与其他报酬

人力资源工作常见问题清单

与个人或团队相联系的薪酬方案相配合。

关键点提示

现代利润分享计划的做法是：

1.确定利润分享计划；2.将利润分享基数用于为某一养老金计划注入资金；

3.利润分享的范围由整个组织缩小到承担利润和损失责任的下级经营单位；

4.实施单位能够达到所要求的最低投资收益率。

7.12 如何制订长期绩效奖励计划

工作场景描述

当期望激励中高层管理人员长期高效率地工作时，可查看。

解读与分析

长期绩效奖励计划是指绩效衡量周期在1年以上，为既定绩效目标的完成提供奖励（主要是股票的形式）的计划。

长期绩效奖励计划相对于短期绩效奖励计划来说，时间更长，它通常是以3~5年为一个周期。长期绩效奖励计划强调长期规划和对企业的未来可能产生的影响，它能够创造一种所有者意识，有助于企业招募、保留和激励高绩效的员工，从而为企业的长期积累打下坚实的基础。大多数长期绩效奖励计划是围绕股票所有权计划展开的，为此，企业需要明确股票所有权计划的类型以及每一类型中经理人所享有的权利和应承担的义务。

1. 股票所有权计划的类型

股票所有权计划实际上是指企业以股票为媒介所实施的一种长期绩效奖励计划。传统的股票所有权计划主要针对企业中高层管理人员，目前有向普通员工扩展的趋势。

常见的股票所有权计划可以划分为三类。

（1）现股计划，即通过企业奖励或参照股权当前市场价值向经理人出售的方式，使经理人即时直接地获得股权。经理人在一定时期内必须持有股票，而不得出售。

（2）期股计划。企业和经理人约定，经理人在将来某一时期内以议定价格购买一定数量的股权。购股价格一般参照股权的当前价格确定，同时对经理人在购股后出售股票的期限做出规定。

（3）期权计划。企业给予经理人在将来某一时期以一定价格购买一定数量股权的权利，经理人到期后可以行使或放弃这个权利。购股价格一般参照股权的当前价格确定，同时对经理人在购股后出售股票的期限做出规定。

2. 不同股票所有权计划的比较

在不同的股票所有权计划中，经理人享有的权利义务是不同的，具体内容见下表。

不同股票所有权计划中经理人权利义务对照表

类别	增值收益权	持有风险	股权表决权	资金即期投入	享受贴息
现股	√	√	√	√	×
期股	√	√	×	×	√
期权	√	×	×	×	√

三种股票所有权计划一般都能使经理人获得股权的增值收益权，但是在持有风险、股权表决权、资金即期投入和享受贴息方面有所不同，具体如下。

现股和期股计划都预先购买了股权或确定了股权购买的协议，经理人一旦接受了这个协议，就必须购买股权。当股权贬值时，经理人须承担相应的损失，因此是有风险的。而在期权激励中，经理人可以放弃期权，从而避免承担股权贬值的风险。

现股计划中，由于股权已经发生了转移，故经理人拥有表决权。期股和期权计划中，在股权尚未发生转移时，经理人一般不具有股权对应的表决权。

现股计划中，不管是奖励（所谓的奖励，实际上也是以经理人的一部分奖金购买了股权）还是购买，经理人已经在即期投入资金，而期权和期股都是约定在将来某一时期投入资金。

在期股和期权计划中,经理人在远期支付购买股权的资金,但购买价格参照即期价格来确定,同时从即期开始就享受股权的增值收益权,这意味着经理人实际上已经获得了购股资金的贴息优惠。

其他股权激励方法,由于具有"享受股权增值收益,而不承担购买风险"的特点,实际上与期权激励是类似的。

作为长期激励计划的一种主要形式,股票所有权计划在近年来的国际和国内市场上获得了越来越普遍的应用。企业要重视这种激励制度,采取措施保证它发挥积极作用。

关键点提示

股票所有权计划包括:

1.现股计划;2.期股计划;3.期权计划。

7.13 如何制订短期绩效奖励计划

工作场景描述

当想实施短期绩效奖励计划时,可查看。

解读与分析

绩效奖励计划有很多种,选择何种计划取决于企业的经营战略、经济状况和企业目标。短期绩效奖励计划是以时间为划分的维度进行归类的,它主要包括绩效加薪、一次性奖金和月/季度浮动薪酬。

1. 绩效加薪

绩效加薪是指将基本薪酬的增加与员工在某种绩效评价体系中所获得的评价等级上升联系在一起的一种绩效奖励方式。

绩效加薪是短期绩效奖励计划的一种主要形式,通常表现为在年度绩效评价结束时,企业根据员工绩效评价结果以及事先确定的绩效加薪规则,决定员工第二年的基本薪酬。

事实上,绩效加薪所产生的基本薪酬增加会在员工以后的职业生涯中得到累积,当然这只限于员工在同一家企业连续工作多年的情况。

简单的绩效加薪规则如下表所示。

绩效加薪规则表

类别	大大超出期望水平	超出期望水平	达到期望水平	低于期望水平	大大低于期望水平
绩效评价等级	S	A	B	C	D
绩效加薪幅度(%)	10	7	4	2	0

影响绩效加薪计划的三大关键因素是加薪的幅度、频率和实施方式。

(1)加薪幅度。其主要取决于企业的支付能力,加薪幅度过大,企业可能承担不起,但是过小的话又起不到激励的作用。另外,加薪的幅度也要参照市场一般水平而定。

(2)加薪频率。最常见的加薪频率是1年1次,当然也可以采取半年1次或每季度1次。

(3)加薪的实施方式。如一次性加薪,是对已经处在薪酬等级最高层的员工采用的一种绩效奖励形式。此外,基本薪酬累积增长这种方式也较为常用,是属于长期的加薪方式。

2. 一次性奖金

从广义上讲,一次性奖金属于绩效加薪的范畴,但是它不是在基本薪酬基础上的累积性增加,而是一种一次性支付的绩效加薪方式。一次性奖金是一种很普遍的绩效奖励计划,它的优势很明显。

(1)在保证绩效和薪酬挂钩的情况下,降低了基本薪酬的累加效应所引起的固定薪酬成本增加的可能性。

(2)保护了高薪酬员工的主观能动性和工作积极性。

3. 月/季度浮动薪酬

（1）根据月/季度绩效评价结果，以月/季度绩效奖金的形式对员工的绩效予以认可。

（2）这种月/季度奖金一方面与员工的基本薪酬有较为密切的联系，另一方面，又具有类似一次性奖金的灵活性，不会对企业形成较大的成本压力。

在实际执行的过程中，员工个人所应得到的绩效奖金往往还要与其所在部门的绩效挂钩。

4. 特殊绩效认可计划

其是指当个人或团体的绩效超出预期水平很多，值得给予额外奖励时，企业所采取的非常灵活的奖励方式。

短期绩效奖励计划能够使员工需求在较短时间内得到满足，从而较强地促进了员工的主观能动性和工作积极性，企业应经常使用该计划激励员工做出更好的成绩。

关键点提示

短期绩效奖励计划包括：

1.绩效加薪；2.一次性奖金；3.月/季度浮动薪酬；4.特殊绩效认可计划。

7.14 如何制订经营者股票期权制

工作场景描述

当希望用股票期权激励经营者时，可查看。

解读与分析

股票期权计划在西方大企业中十分盛行，其原因就在于它对企业的经营者具有良好的激励效果。股票期权计划给予企业经营者的实际上只是一种获利的可能性，要使这种可能性变为现实，就需要这些经营者不断改进经营管理方式，来实现企业资产的不断增值，从而实现股票价格的不断上涨。

股票期权激励在对经营者实行契约化管理和落实资产责任制的基础上，采用多种形式使经营者持股经营，并在经营者取得一定的业绩后，在中长期内兑现其该享有的各种权益。

1. 股票期权设计的基本原则

（1）利益共享，风险共担。

①设置股票期权，使管理人员的利益与企业和股东的利益紧密联系起来。

②企业必须挑选对企业发展具有关键作用的管理人员，作为股票期权的实施对象。

③吸引优秀管理人员。

（2）结构合理，标准明确。

①期权方案必须合理合法。

②股票期权组合总数的确定要经过股东及管理者确认。

③建立以财务状况为标准的考核指标体系。

④以高级管理人员为主要参与对象。

2. 股票期权实施的关键要素

（1）股票期权的受益人，即股票期权的拥有者，一般是企业的重要管理人员，是处于核心管理层的高级主管。

（2）股票期权的有效期。股票期权的受益人只有在规定的期限内才可以行使股票期权所赋予的权利，超过这一期限就不再享有此权利，这就是股票期权计划的有效期。

（3）股票期权的施价权。它是指在股票期权计划中规定的股票期权受益人购买股票的价格。一般情况下，该价格就是推出股票期权计划时企业股票的市场价格。

（4）股票期权的数量。这是在股票期权计划中规定的股票期权受益人所能购买的全部股票数量，它反映了股票期权的规模。

3. 股票期权的表现形式

（1）激励性股票期权。

①股票期权计划必须是一个成文的计划，并在该计划实施前12个月或实施后12个月

内，得到股东大会的批准。

②股票期权计划实行10年后自动结束，如果要继续实行，必须再次得到股东大会的批准。股票期权计划的开始日期以实行日期为准。

③从股票赠予日开始的10年内，股票期权有效。超过10年，股票期权过期，任何人不得行使权利。

④股票期权不得转让，除非通过遗嘱转让给继承人。

⑤在股票期权赠予日，如果某位期权获授者拥有该公司10%以上的投票权，则未经股东大会特批，不得参加股票期权计划。

（2）无条件股票期权。

①相对于激励性股票期权，无条件股票期权使股票期权计划具有更强的灵活性，因为目前尚无任何相关法律条款对其加以限制。

②无条件股票期权的另一个特点是它比激励性股票期权更能降低成本。

股票期权是我国近期关注的热门高层管理人员激励手段，引入和实施股票期权计划，将对我国现代企业改善经营结构，提高企业经济效益，起到极大的促进作用。

关键点提示

股票期权实施的关键要素包括：

1.受益人；2.有效期；3.施价权；4.数量。

7.15 如何制订员工持股计划

工作场景描述

当试图制订员工持股计划时，可查看。

解读与分析

员工持股计划是一种让企业员工拥有本企业产权的计划，包括两种类型：一种是企业员工通过购买企业部分股票而拥有企业的部分产权，并相应获得管理权；一种是员工购得企业全部股权而拥有企业全部产权，使员工对本企业拥有完全的管理权和表决权。

员工持股计划作为一种体现新型改革思路的企业薪酬制度，其核心在于通过员工持股运营，将个人利益与企业前途紧紧联系在一起，形成一种按劳分配与按资分配相结合的新型利益制衡机制。同时，员工参股后即时承担了一定的投资风险，更有助于唤起员工的风险意识，激发员工的长期投资行为。

员工持股计划包括以下内容。

1. 员工持股的股份设置

经企业股东大会或产权单位同意，内部员工持股原则上可通过两种方式进行设置。

（1）增资扩股。

（2）产权转让。

持股总额占企业总股本的比例可参照以下比例。

（1）企业总股本在5000万~2亿元的，员工持股比例可占总股本的35%左右。

（2）企业总股本在1000万~5000万元的，员工持股比例可占总股本的35%~50%。

（3）企业总股本在1000万元以下的，员工持股比例可占总股本的50%以上。

资本密集型的高新技术企业和商贸企业，经企业股东大会或产权单位同意，员工持股比例可适当放宽。

2. 员工认购股份原则

员工认股时应遵循以下原则。

（1）坚持风险共担、利益共享的原则。

（2）坚持自愿出资的原则。

（3）坚持公正、公开、公平的原则。

3. 员工认购股份程序

（1）员工向工会提出购股申请。

（2）工会审查员工持股资格。

（3）根据员工股份认购方案确定个人持股额。

（4）公告员工持股额度。

（5）办理购股手续。

（6）员工向工会缴付购股资金，工会向员工出具员工股权证明书。

（7）企业应妥善保管员工的持股名册并上报审批部门备案。

4. 员工认购股份的资金来源

（1）现金出资。

（2）由企业非员工股东担保，向金融机构贷（借）款购股。

（3）以股权作抵押向所服务的企业举债。

5. 预留股份

（1）预留股份由员工持股会举债一次购入，并负责管理和运作。

（2）员工脱离企业后，不再继续持有内部员工股，其所持股份由员工持股会回购，转作预留股份。

在我国，企业员工持股计划仍然处于探索阶段，相关法律仍不健全。今后企业需要不断吸取国外先进经验，使员工持股计划更加完善。

关键点提示

员工持股计划的内容包括：

1.员工持股的股份设置；2.员工认购股份原则；3.员工认购股份程序；4.员工认购股份的资金来源；5.预留股份。

7.16　如何设计通用的薪酬模型

> **工作场景描述**
> 当为体现按劳分配的原则而设计一个全体员工通用的薪酬模型时，可查看。

解读与分析

每个企业都需要一个基本的薪酬模型，这个模型作为全体员工薪酬模型设计的标准和指南，体现按劳分配的原则。

通用薪酬模型可以直接作为企业大多数人员的薪酬模型，例如实行月薪制的基层和中层管理人员、一般办事人员、文员等。他们的工作相对比较稳定，内容重复性强，以完成定性的工作为主，通用薪酬模型完全可以满足他们的职位评价要求。

某些职位，由于其薪酬受某一项指标的影响特别大，通用薪酬模型已不能满足相应的职位评价要求，因此需要设计新的薪酬模型。但所有特殊人员（岗位）的薪酬模型都是由通用薪酬模型衍生出来的，在制订特殊人员（岗位）的薪酬模型时，应依据并遵从通用薪酬模型。

大多数企业采用的通用薪酬模型有以下两种。

（1）薪酬一级构成，包括基本工资、绩效工资、加班工资和津贴福利。

（2）与第一种不同的是，将工龄工资和涨幅工资从基本工资中剥离出来，这种薪酬管理思路目前正在推广应用中，效果比较明显，值得各企业参考借鉴。

通用模型是企业制订其他模型的参考，可以有很多变化，但是内容和性质基本相同。下表是某企业一般管理人员、一般办事员、文员等××××年度的薪酬构成。

日常管理 人力资源工作常见问题清单

员工××××年度薪酬构成

薪酬	基本工资	工龄工资	涨幅工资	绩效工资	加班工资	福利津贴
构成比例	68%	7%	3%	8%	5%	9%

通用薪酬模型可以大致反映一个企业的薪酬状况、薪酬结构，企业可以通过与同行业竞争对手的比较分析自己的情况。

> **关键点提示**
>
> 薪酬构成一般为：
> 1.基本工资；2.工龄工资；3.涨幅工资；4.绩效工资；5.加班工资；6.福利津贴。

7.17 如何设计专业技术人员的薪酬模型

> **工作场景描述**
>
> 当希望增强专业技术人员的工作积极性而选择合适的薪酬模型时，可查看。

解读与分析

专业人员是指企业中那些通过国家职称评定机构认定，获得了一定技术职称或技术资质等级的人员（例如工程师、高级工程师、经济师、会计师、律师、技师或其他专业职称）。技术人员是指企业内部根据工作需要选择的那些有资质、有能力并被安排到特定技术岗位工作的人员（例如生产工程师、品质工程师、网络工程师等）。

通常专业技术人员的薪酬模型设计有两种方法：第一种是以职称高低为主要依据的"职称评定法"，第二种是以内部层级为主要依据的"评聘分离法"。对专业技术人员的工作过程，企业很难进行准确的观察和评价，很难监控他们的行为，因此只需要对他们的工作结果进行评价即可。

这两种方法在大多数企业中都存在，但"职称评定法"的缺陷较多，因为职称和工作成果之间没有直接的必然联系，所以越来越多的企业正在按照第二种方法建立专业技术人员的薪酬模型。

按"评聘分离法"建立专业技术人员的薪酬模型时要满足以下两个条件：第一，打破职称等级制度；第二，建立适应企业需要的技术人员层级关系并实行聘用制度。

与其他员工类似，专业技术人员的薪酬也是由基本薪酬、奖金和福利等三部分组成。

基本薪酬的多少和是否加薪取决于他们所掌握的专业知识及技术的广度和深度，以及运用专业知识和技术的熟练程度，而不是他们所具体从事的工作岗位的重要性。

奖金的重要性不大，因为专业技术人员通常能够获得较高的基本薪酬，即使有一定数量的奖金，所占的比例也不大。

专业技术人员对常规福利不太感兴趣，他们看重的是接受继续教育和进一步培训的机会。因此企业应为专业技术人员多提供一些国内外进修深造、参加学术会议等活动的便利和机会。

在给予专业技术人员合适以及足够的激励后，他们一般会爆发出极大的工作热情。

关键点提示

专业技术人员薪酬模型设计方法包括：

1.职称评定法；2.评聘分离法。

7.18 如何设计项目经理的薪酬模型

> **工作场景描述**
> 当希望增强项目经理的工作积极性而选择合适的薪酬模型时,可查看。

解读与分析

项目负责制是基于一些比较独立的工作课题、工程项目而形成的一种由责任人(或责任团队)负责的工作制度。项目负责制在我国企业中推广应用的时间较晚,不是很成熟,但目前越来越多的科研企业、建筑公司、监理公司、咨询公司和其他服务型企业都在努力探索并积极应用项目负责制的管理制度,并在某些方面获得了较大的成功。

由于项目负责制的工作模式比较特殊,单纯以职务高低或工作时间长短来确定薪酬,显然很困难,因此为项目经理设计一种适用的薪酬模型已成为必然趋势。

项目经理的薪酬模型与其他薪酬模型的不同之处在于增加了项目提成,这也是其区别其他薪酬模型的特征。项目提成通常以课题、工程项目的标的额为基础,按标的额的一定比例提取。目前我国在建筑监理、审计等行业对项目提成的比例做出了一定的规定,而其他行业大多采用双方约定的方法予以解决。

在项目经理的薪酬结构中,基本工资一般占50%~60%,项目提成所占比例仅低于基本工资。要想使项目经理在所承担的项目中发挥更大的作用,就要通过薪酬进行激励。

> **关键点提示**
> 项目经理的收入包括:
> 1.基本工资;2.项目提成;3.津贴福利。

7.19 如何设计特殊人员的薪酬模型

工作场景描述

当希望增强特殊人员的工作积极性而需要为其设计薪酬模型时,可查看。

解读与分析

越来越多的大型企业、跨国企业和外资企业,热衷聘用外籍员工或具有特殊才能的专家型人才,这些特殊人才有些从事技术工作,有些从事营销工作,有些从事管理工作……那么他们的薪酬模型如何去设计呢?

企业在确定外籍员工或专家型人才的薪酬待遇时,需要先搞清楚以下几个问题。

①他们在国外或国内人力资源市场上的薪资"价位"如何?

②企业能承受他们的高额薪酬吗?

③福利计划需要调整吗?要增加或删减哪些项目?

④针对他们的薪酬结构及薪酬管理有什么特殊性?

⑤如何处理与现有薪酬系统的关系?

大多数企业在聘用外籍员工或专家型人才时,一般都把重点放在薪酬结构和薪资水平的调查和分析上,找出管理中需要解决的特殊问题,再设计他们的薪酬模型。

(1)聘任外籍专家时,企业可采取的方法有谈判法、平衡法、一次性支付法、自助餐法等。目前国内大多数企业在聘用外籍人员时,都采用了薪酬参考的做法,即以该类外籍专家在外国企业的工资水平为主要参考依据,在此基础上结合本地区工资差别、消费水平、个人所得税等进行一定幅度的上下调整。

(2)企业聘任专家型人才的期限一般是短期的,人数很少,所以多数企业都采取简单原则,不会专门去设计模型。一般企业会实行高薪打包制,即付给对方的薪酬总额包括工资、福利津贴等全部内容,这也是较容易操作的一种方法。

| 日常管理 | 人力资源工作常见问题清单

随着企业经营全球化和国际化程度的逐步提高，有些全球化企业里已经出现"没有母国的员工"，他们只对企业负责，基于自己的流动性及对组织的承诺获取相应的报酬。

> **关键点提示**
>
> 特殊人才的薪酬设计方式包括：
>
> 1.薪酬参考；2.高薪打包制。